Gerechter Frieden

Reihe herausgegeben von
Ines-Jacqueline Werkner, Heidelberg, Deutschland
Sarah Jäger, Heidelberg, Deutschland

„Si vis pacem para pacem" (Wenn du den Frieden willst, bereite den Frieden vor.) – unter dieser Maxime steht das Leitbild des gerechten Friedens, das in Deutschland, aber auch in großen Teilen der ökumenischen Bewegung weltweit als friedensethischer Konsens gelten kann. Damit verbunden ist ein Perspektivenwechsel: Nicht mehr der Krieg, sondern der Frieden steht im Fokus des neuen Konzeptes. Dennoch bleibt die Frage nach der Anwendung von Waffengewalt auch für den gerechten Frieden virulent, gilt diese nach wie vor als Ultima Ratio. Das Paradigma des gerechten Friedens einschließlich der rechtserhaltenden Gewalt steht auch im Mittelpunkt der Friedensdenkschrift der Evangelischen Kirche in Deutschland (EKD) von 2007. Seitdem hat sich die politische Weltlage erheblich verändert; es stellen sich neue friedens- und sicherheitspolitische Anforderungen. Zudem fordern qualitativ neuartige Entwicklungen wie autonome Waffensysteme im Bereich der Rüstung oder auch der Cyberwar als eine neue Form der Kriegsführung die Friedensethik heraus. Damit ergibt sich die Notwendigkeit, Analysen fortzuführen, sie um neue Problemlagen zu erweitern sowie Konkretionen vorzunehmen. Im Rahmen eines dreijährigen Konsultationsprozesses, der vom Rat der EKD und der Evangelischen Friedensarbeit unterstützt und von der Evangelischen Seelsorge in der Bundeswehr gefördert wird, stellen sich vier interdisziplinär zusammengesetzte Arbeitsgruppen dieser Aufgabe. Die Reihe präsentiert die Ergebnisse dieses Prozesses. Sie behandelt Grundsatzfragen (I), Fragen zur Gewalt (II), Frieden und Recht (III) sowie politisch-ethische Herausforderungen (IV).

Weitere Bände in der Reihe http://www.springer.com/series/15668

Ines-Jacqueline Werkner ·
Hans-Joachim Heintze
(Hrsg.)

Just Policing

Politisch-ethische
Herausforderungen · Band 6

Hrsg.
Ines-Jacqueline Werkner
Forschungsstätte
der Evangelischen
Studiengemeinschaft e.V.
Heidelberg, Deutschland

Hans-Joachim Heintze
Institut für Friedenssicherungsrecht
und Humanitäres Völkerrecht
Ruhr-Universität Bochum
Bochum, Deutschland

ISSN 2662-2726 ISSN 2662-2734 (electronic)
Gerechter Frieden
ISBN 978-3-658-28078-9 ISBN 978-3-658-28079-6 (eBook)
https://doi.org/10.1007/978-3-658-28079-6

Die Deutsche Nationalbibliothek verzeichnet diese Publikation in der Deutschen Nationalbibliografie; detaillierte bibliografische Daten sind im Internet über http://dnb.d-nb.de abrufbar.

Springer VS
© Springer Fachmedien Wiesbaden GmbH, ein Teil von Springer Nature 2019
Das Werk einschließlich aller seiner Teile ist urheberrechtlich geschützt. Jede Verwertung, die nicht ausdrücklich vom Urheberrechtsgesetz zugelassen ist, bedarf der vorherigen Zustimmung des Verlags. Das gilt insbesondere für Vervielfältigungen, Bearbeitungen, Übersetzungen, Mikroverfilmungen und die Einspeicherung und Verarbeitung in elektronischen Systemen.
Die Wiedergabe von allgemein beschreibenden Bezeichnungen, Marken, Unternehmensnamen etc. in diesem Werk bedeutet nicht, dass diese frei durch jedermann benutzt werden dürfen. Die Berechtigung zur Benutzung unterliegt, auch ohne gesonderten Hinweis hierzu, den Regeln des Markenrechts. Die Rechte des jeweiligen Zeicheninhabers sind zu beachten.
Der Verlag, die Autoren und die Herausgeber gehen davon aus, dass die Angaben und Informationen in diesem Werk zum Zeitpunkt der Veröffentlichung vollständig und korrekt sind. Weder der Verlag, noch die Autoren oder die Herausgeber übernehmen, ausdrücklich oder implizit, Gewähr für den Inhalt des Werkes, etwaige Fehler oder Äußerungen. Der Verlag bleibt im Hinblick auf geografische Zuordnungen und Gebietsbezeichnungen in veröffentlichten Karten und Institutionsadressen neutral.

Verantwortlich im Verlag: Jan Treibel

Springer VS ist ein Imprint der eingetragenen Gesellschaft Springer Fachmedien Wiesbaden GmbH und ist ein Teil von Springer Nature.
Die Anschrift der Gesellschaft ist: Abraham-Lincoln-Str. 46, 65189 Wiesbaden, Germany

Inhalt

Just Policing – ein Element des gerechten Friedens?
Eine Einführung 1
Ines-Jacqueline Werkner

Just Policing – eine empirische Perspektive 17
Ines-Jacqueline Werkner

Just Policing aus polizeiethischer Perspektive:
zwischen Heraus- und Überforderung 51
Werner Schiewek

Just Policing – eine Replik aus (militär-)soziologischer
Sicht 77
Nina Leonhard

Das Konzept des Just Policing aus völkerrechtlicher Sicht .. 99
Hans-Joachim Heintze

Just Policing im Lichte des Konzeptes „Frieden
durch Recht" 113
Heinz-Gerhard Justenhoven

Just Policing – die notwendige Verortung im weiteren
Kontext restaurativer Gerechtigkeit 135
Fernando Enns

Just Policing – eine Synthese 155
Hans-Joachim Heintze

Autorinnen und Autoren 163

Just Policing – ein Element des gerechten Friedens? Eine Einführung

Ines-Jacqueline Werkner

1 Ausgangslage

Mit dem Wegfall der Bipolarität, einem veränderten Kriegstypus, den damit einhergehenden Reaktionen der internationalen Gemeinschaft sowie der zunehmenden Gefahr der Entgrenzung von Gewalt sind Kirchen und Theologie gefordert, neue friedensethische Bewertungsgrundlagen und Handlungskriterien zu entwickeln. Dafür steht das Konzept des gerechten Friedens. Damit verbunden ist ein Perspektivenwechsel: Nicht mehr der Krieg, sondern der Frieden bildet den Schwerpunkt des neuen Konzeptes. So umfasst der gerechte Frieden „viel mehr als den Schutz von Menschen vor ungerechtem Einsatz von Gewalt"; er schließt „soziale Gerechtigkeit, Rechtsstaatlichkeit, Achtung der Menschenrechte und Sicherheit für alle Menschen" mit ein (ÖRK 2011, Ziff. 10). Dennoch bleibt die Frage nach der Anwendung von Waffengewalt auch für den gerechten Frieden von zentraler Bedeutung. So erweist sich militärisches Handeln als *per se* problematisch, „denn es ist durch das, was unter Menschen nicht sein soll, bestimmt: Gewalt" (Ebeling 2006, S. 9). Verlangt ist eine ethische Erwägungskompetenz, die angesichts der internationalen Forderung nach einer *Responsibility to Protect* (R2P) neue Brisanz gewinnt und zugleich die Friedensethik mehr denn je herausfordert.[1]

Als Lösung, das Ideal der Gewaltfreiheit mit der Friedensschaffung und internationalen Schutzverantwortung in Einklang zu bringen, wurde im friedensethischen Kontext Just Policing, verstanden als „gerechtes polizeiliches Handeln" (Schlabach 2011, S. 66), vorgeschlagen. Im Fokus dieses Ansatzes steht das Ziel der Gewaltdeeskalation und Gewaltminimierung. So würden sich Polizeieinheiten aufgrund ihres Aufgabenprofils und ihrer Ausstattung deutlich vom Militär unterschieden. Angestrebt werde nicht – so Fernando Enns (2013, S. 107) – ein „Sieg über andere", vielmehr gehe es darum, „gerechte win-win-Lösungen zu ermöglichen", und diese mit geringstmöglicher Zwangsausübung. Dieser Gedanke findet sich bereits – zumindest in Ansätzen – in zentralen friedensethischen Dokumenten. So heißt es beispielsweise in der Erklärung des Ökumenischen Rates der Kirchen (ÖKR) zur Schutzpflicht von 2006:

> „Gewaltanwendung zu humanitären Zwecken muss in ein breites Spektrum wirtschaftlicher, sozialer, politischer und diplomatischer Anstrengungen eingebettet sein, die die direkten wie langfristigen Ursachen der Krise in den Blick nehmen. Auf lange Sicht sollten für diese Aufgaben internationale Polizeikräfte ausgebildet werden, die an das Völkerrecht gebunden sind" (ÖRK 2006, Ziff. 16).

In der Friedensdenkschrift der EKD von 2007 wird unter dem Aspekt der Grenzen rechtserhaltenden militärischen Gewaltgebrauchs ausgeführt:

---

1 Dieser Text basiert auf Werkner (2017, 2018).

Einführung

„Im heutigen völkerrechtlichen Kontext ist eine rechtmäßige Autorisierung militärischer Zwangsmittel nur als eine Art internationaler Polizeiaktion nach den Regeln der UN-Charta denkbar" (EKD 2007, Ziff. 104).

Einen expliziten Bezug zum Just Policing weist ein Diskussionsbeitrag zur Friedensethik der Evangelischen Landeskirche in Baden auf. Dort heißt es:

„Krieg scheidet als Mittel der Politik aus und darf nach Gottes Willen nicht sein! Daher muss der Tendenz gewehrt werden, den Krieg wieder als normales Mittel der Politik anzusehen […]. In der Konsequenz bedeutet dies, auf militärische Einsätze zu verzichten. […] In Ergänzung zu gewaltfreien Mitteln der Konfliktbearbeitung sind allein rechtsstaatlich kontrollierte polizeiliche Mittel ethisch legitim. In kriegsähnlichen Konfliktsituationen, die die nationalen Polizeikräfte überfordern, ist an internationale, durch das Völkerrecht legitimierte, z. B. den Vereinten Nationen unterstehende Polizeikräfte zu denken" (EKiBa 2013, S. 10).

Welche friedenspolitischen Implikationen weist Just Policing aber im internationalen System auf? Das heißt: Inwiefern kann Just Policing eine Alternative zu militärischen Einsätzen darstellen? Inwieweit ist der Vorschlag geeignet, bedrohte Menschengruppen zu schützen? Und auf welche Weise kann er zur Gewaltprävention und Eskalationsvermeidung beitragen? Dabei soll der Ansatz des Architekten dieses Konzeptes Gerald W. Schlabach im Sinne eines „rethinking war in terms of policing" auf seine politischen beziehungsweise institutionellen Voraussetzungen und seine Umsetzbarkeit hin untersucht werden. Intention ist es, die Chancen, aber auch Restriktionen, die diesem Konzept inhärent sind, in den Blick zu nehmen und einer kritischen Analyse zu unterziehen.

2 Entstehungskontext und Konzept

Die Idee des Just Policing geht auf einen fünfjährigen mennonitisch-katholischen Dialog zurück, der von 1998 bis 2003 geführt wurde. Er stand unter dem Titel „Auf dem Wege zur Heilung von Erinnerungen"[2] und war der erste Dialog zwischen der Mennonitischen Weltkonferenz und dem Päpstlichen Rat zur Förderung der Einheit der Christen. Beschlossen wurde er 2003 mit dem Bericht „Gemeinsam berufen, Friedensstifter zu sein". Dabei wurden Gemeinsamkeiten festgestellt wie das christliche Friedenszeugnis oder auch die enge Verbindung von Gerechtigkeit und Frieden, aber auch Divergenzen benannt, dazu zählt insbesondere der Dissens zwischen Gewaltfreiheit und gerechtem Krieg. So lehnen Mennoniten die Anwendung von Gewalt prinzipiell ab, während es in der katholischen Kirche eine Tradition des gerechten Krieges gibt, innerhalb derer militärische Gewalt als *ulitima ratio* legitimiert werden kann. Ziel war es daher, ein Konzept zu entwickeln, welches die verschiedenen Positionen widerspiegeln kann.

Mit dieser Intention entwarfen Gerald W. Schlabach und Ivan J. Kauffman ein erstes inoffizielles Hintergrundpapier, das im Rahmen eines mennonitisch-katholischen Colloquiums 2002 erstmalig diskutiert (vgl. Kauffman 2004) und in den Folgejahren wesentlich unter der Federführung von Schlabach weiterentwickelt wurde (vgl. Friesen und Schlabach 2006; Schlabach 2007a; Pfeil und Schlabach 2013). Dies erfolgte im Wesentlichen in zwei Kontexten: zum einen innerhalb von *Bridgefolk*, einer Graswurzelbewegung für den Dialog und die Einheit zwischen Mennoniten

---

2 Der Dialog stand unter dem Thema der Versöhnung; sein Anliegen war die Überwindung der seit Jahrhunderten bestehenden Trennung und gegenseitigen Abschottung beider Kirchen.

und Katholiken[3]; zum anderen im Rahmen des Friedenskomitees des Mennonitischen Zentralkomitees, das Vertreterinnen und Vertreter aus Wissenschaft, Praxis und Kirche zusammenbrachte und einen Rahmen für Gespräche und Konsultationen bereitstellte (vgl. Schlabach 2007a, S. xix).

Dieser Dialog beschränkte sich aber nicht nur auf den bilateralen Austausch, er lieferte zugleich einen Beitrag zur Dekade des Ökumenischen Rates der Kirchen zur Überwindung von Gewalt, speziell zur Internationalen Ökumenischen Friedenskonvokation 2011. So wurde vom 23. bis zum 25. Oktober 2007 in Rom eine mennonitisch-katholische Konferenz einberufen, die in ihrem Ergebnis der Friedenskonvokation empfahl, einen ökumenischen Konsens darüber zu erreichen, wie Christen gemeinsam dafür eintreten können, Gewalt als ein Mittel zur Lösung von Konflikten zu ersetzen. Konkret schlug die Konferenz vor, verschiedene Ansätze weiter zu untersuchen und auszuwerten, darunter auch den Gedanken des Just Policing.

Was beinhaltet nun aber Just Policing im Konkreten? Das folgende Zitat skizziert die zentrale Grundidee dieses Ansatzes:

„Würden die besten Intentionen der Theoretiker des gerechten Krieges in die Praxis umgesetzt, dann würden sie nur ein gerechtes polizeiliches Handeln legitimieren, auf keinen Fall jedoch Krieg. Und wenn christliche Pazifisten in irgendeiner Weise Operationen, die begrenzte, aber potentiell tödliche Gewalt mit sich bringen, unterstützen, sich daran beteiligen oder sich zumindest nicht völlig dagegen aussprechen, dann gilt das für ein gerechtes polizeiliches Vorgehen. *Just Policing* – und *nur* ein gerechtes polizeiliches Handeln." (Schlabach 2011, S. 67, Hervorh. im Original)

---

3 Bridgefolk wurde 1999 gegründet, einer seiner Mitbegründer ist Gerald W. Schlabach (vgl. http://www.bridgefolk.de).

Das heißt, während Just Policing aus erster Perspektive als eine eng begrenzte Anwendung des gerechten Krieges angesehen werden könne, sei im zweiten Falle eine pazifistische Lesart – beispielsweise im Sinne eines Rechtspazifismus – denkbar. Genau diese Konstellation ermögliche Schlabach zufolge die angestrebte Konvergenz beider Standpunkte. Hier deuten sich auch schon die beiden Abgrenzungen – Militär versus Polizei und Policing versus Just Policing – an. Dabei verweist der letzte Satz des Zitates „*Just Policing* – und *nur* ein gerechtes polizeiliches Handeln." auf die doppelte Wortbedeutung des „just": „just" im Sinne von „nur" (nur polizeiliches, kein militärisches Handeln) und „just" im Sinne von „gerecht" (nicht lediglich polizeiliches, sondern gerechtes polizeiliches Handeln).

3 Militärische versus polizeiliche Gewalt

Die Unterscheidung militärischer und polizeilicher Gewalt (vgl. u. a. Werkner 2011, S. 67f.) reicht weit in die Geschichte zurück. Basierend auf der Trennung von äußerer und innerer Sicherheit vollzog sich diese mit der Westfälischen Ordnung und der Konstituierung der Nationalstaaten. Beispielsweise unterschied der königlich-preußische Landesschluss 1648 zwischen der „Sicherheit der Provintz" und der „domestica securitate". Es etablierte sich einerseits ein äußeres Gewaltmonopol: Der Krieg wurde verstaatlicht, es entstanden stehende Heere und der Grundsatz, dass nur noch die legitime Obrigkeit berechtigt ist, Krieg zu führen, setzte sich allmählich durch. Darüber hinaus wurde äußere Sicherheit völkerrechtlich durch Bündnis- und Beistandspakte sowie durch Garantieverträge mit dritten Mächten hergestellt beziehungsweise gefestigt. Andererseits bildete sich ein inneres Gewaltmonopol heraus. Dieses lässt sich historisch auf die „Policey" zurückverfolgen. So entstand die moderne Polizei im 18. und 19. Jahrhundert nicht aus dem Bereich der bewaffneten Macht heraus, sondern aus dem Politikfeld der „Policey", die als Ausdruck einer guten Verwaltung ihren Ursprung in der innenpolitischen Sorge um das Gemeinwohl hatte. Dabei basierte die Policey-Gesetzgebung wie auch später die moderne Polizei auf dem Präventionsprinzip und unterschied sich dadurch kategorisch vom Militär, das wesentlich auf dem Reaktionsprinzip beruhte. Diese Trennung von äußerer und innerer Sicherheit sowie von Militär und Polizei setzte sich in der weiteren Entwicklung fort.

Durch die Ausweitung von militärischen Aufgaben und Operationen jenseits des Krieges – insbesondere seit den 1990er Jahren – verschwimmt diese Abgrenzung jedoch zunehmend. In der Regel handelt es sich nicht mehr um die klassischen und im engen Zusammenhang mit der Nation stehenden Aufgaben des Militärs, eher um militärische Einsätze zur internationalen Rechtsdurchsetzung. Der Militärsoziologe Morris Janowitz prägte dafür den Ausdruck der Konstabulisierung (Verpolizeilichung) der Streitkräfte.

Angesichts der verschiedenen historischen Ausgangsbedingungen lassen sich auch rechtliche Differenzen zwischen Polizei und Militär ausmachen, deren Grundlagen einerseits das jeweilige nationale Polizeirecht, andererseits das humanitäre Völkerrecht bilden. Der gravierendste Unterschied, auf den insbesondere die Vertreterinnen und Vertreter des Just Policing-Ansatzes abheben, betrifft die Frage des Gewaltgebrauchs. Das Polizeirecht sieht – zumindest in Demokratien – ein prinzipielles Tötungsverbot vor, das auch für Rechtsbrecher gilt. Dagegen beinhaltet das humanitäre Völkerrecht, konkret die Genfer Konvention, lediglich den Schutz von Nicht-Kombattanten sowie von außer Gefecht befindlichen Kombattanten (vgl. Müller 1998, S. 8; Stodiek 2002, S. 42f., 60ff.). Zwar lässt sich mit der Kriegsächtung und dem Gewaltverbot in der UN-Charta auch hier von einem prinzipiellen Tötungsverbot ausgehen. Im Falle gerechtfertigter Gegengewalt tritt die Differenz aber deutlich zutage. Dann ist Töten erlaubt und stellt mehr als eine nur finale Möglichkeit dar.

Deutliche Unterschiede zwischen Polizei- und Streitkräften bestehen dagegen nach wie vor in den Einsatzmitteln (vgl. Müller 1998, S. 9; Stodiek 2002, S. 58): Während zur polizeilichen Ausrüstung neben „polizeitypischen", nicht-letalen Waffen vor allem Einzelschusswaffen gehören, die in der Regel keine großflächige Wirkung entfalten, verfügt das Militär über (Groß-)Waffensysteme mit einem erheblichen Zerstörungspotenzial, teilweise sogar über Massenvernichtungswaffen. Aus der militärischen Bewaffnung und ihrer Anwendung resultiert dann auch – wenn auch nicht ausschließlich – das Problem der Kollateralschäden. Für viele Vertreterinnen und Vertreter des Just Policing-Ansatzes spricht gerade die Form der Einsatzmittel für internationale Polizeieinheiten. So erfolge eine Abgrenzung der Polizei vom Militär weniger durch Rechtsbegriffe als vielmehr durch die Art der Bewaffnung. Im alltäglichen Einsatz präge wesentlich die mitgeführte Waffe das Verhalten im Konflikt. Und da wäre die Beschränkung auf Polizeiwaffen, die sich gegen einzelne Individuen richten, ganz ohne Zweifel – so Ulrich Hahn (2013, S. 7) – „ein gewaltiger Fortschritt gegenüber den Kriegswaffen und ihrer massiven Wirkung auf unbeteiligte Menschen".

Mit diesen Differenzen verbunden werden häufig Wahrnehmungsunterschiede zwischen Militär und Polizei. So könnten Polizeikräfte auf diese Weise zu einer höheren Akzeptanz in der lokalen Bevölkerung beitragen, während Streitkräfte unter Umständen auch als Besatzer wahrgenommen werden würden (vgl. Greener 2011, S. 188). Dennoch, grundsätzlich bleibt bei Polizeikräften im Allgemeinen und Just Policing im Besonderen die Frage zu beantworten, was geschehen soll, wenn im Konfliktverlauf

Einführung

4   Was macht Policing zu Just Policing?

Zur zweiten Abgrenzung: Hier differenziert der Just Policing-Ansatz polizeiliches Handeln noch einmal aus. Denn nicht jede Polizeigewalt ist gerecht, und Policing nicht gleich Just Policing. Wie aber könnte ein solches Just Policing aussehen? Hier rekurrieren Vertreter wie Tobias Winright (2007) ausgehend von Arbeiten von John Kleinig (1996, S. 24ff.) auf das sogenannte *Social Peacekeeper*-Modell. Dabei sei es die Aufgabe der Polizei, die friedliche, gemeinschaftliche Ordnung zu sichern beziehungsweise (wieder) herzustellen. Dies beinhalte auch, die Ursachen von Kriminalität zu identifizieren, zu verstehen und zu bearbeiten. So komme der Polizei nicht nur eine reaktive, sondern vornehmlich auch eine präventive und vermittelnde Rolle zu. In diesem Kontext stelle die Anwendung von Gewalt dann auch nur ein Instrument – ein letztes, manchmal notwendig werdendes Mittel – und kein dominanter *modus operandi* mehr dar. Dieses Modell – letztlich eine Ausweitung des *Community Policing*[4] auf das internationale System (Schlabach 2007b; Winright 2007) – kommt dem historischen Gedanken der „Policey" recht nahe, erweist sich aber auch als voraussetzungsreich. So müssen letztlich drei Grundannahmen gelten: (1) muss es eine Gemeinschaft geben, in der die Polizei eingebettet ist; (2) muss eine allgemeine Zustimmung darüber bestehen, was das Gemeinwohl sei; und (3) muss die Gemeinschaft

---

4   Beim *Community Policing* geht es insbesondere um eine enge Zusammenarbeit zwischen der Polizei und der Bevölkerung zur Erkennung und Lösung von gemeinschaftlichen Problemen (vgl. Ooyen 2006).

an der Verfolgung dieses Gemeinwohls auf der Basis des Rechts interessiert sein (vgl. Neufeldt 2007, S. 155).

Zu prüfen wäre hier, inwieweit die Grundannahmen dieses Modells, die für lokale (demokratische) Gemeinschaften häufig gelten, auch auf die internationale Ebene übertragbar sind. Institutionell könnten die Vereinten Nationen der Ort eines Just Policing sein. Hier deutet sich beispielsweise mit der *Responsibility to Protect* bereits ein weltinnenpolitischer Rahmen an, auch institutionelle Fortschritte, die in diese Richtung deuten, wie die Einrichtung eines Internationalen Gerichtshofes. Dennoch, der allgegenwärtige Reformbedarf der Vereinten Nationen scheint eher gegen diese Idee zu sprechen.

Was wären aber mögliche Kriterien, die das Wort „Just" rechtfertigen könnten? Welche Gerechtigkeitsmodelle können hier zum Tragen kommen? Und worauf sollte sich das „Just" beziehen: auf das internationale Setting, in dem Just Policing zum Einsatz kommen soll, auf die Organisation einer internationalen Polizei oder auf das Ergebnis der Polizeiarbeit? Das Konzept von Schlabach bleibt an dieser Stelle völlig unbestimmt.

5 Zu diesem Band

Das Konzept des Just Policing beinhaltet zwei Dimensionen, die in diesem Band näher in den Blick genommen werden: Zum einen grenzt es die polizeiliche von der militärischen Gewalt ab. Vor diesem Hintergrund diskutieren die Beiträge, wo die zentralen Unterschiede zwischen polizeilicher und militärischer Gewaltanwendung liegen und welche Chancen, aber auch Grenzen mit allein polizeilicher Gewaltanwendung zur Einhegung gewaltsamer Konflikte einhergehen. Zum anderen bezieht sich das Konzept nicht nur auf Polizeikräfte im Allgemeinen, sondern explizit auf gerechte

Polizeikräfte. Diesbezüglich fragen die Beiträge, was Policing zu Just Policing macht und welche Gerechtigkeitskonzepte und rechtliche Grundlagen hier zur Anwendung kommen können. Verhandelt wird Just Policing aus verschiedenen Perspektiven: Dabei stehen der empirische Befund, die polizeiliche und militärsoziologische Sicht, der völkerrechtliche Kontext sowie der theologische Referenzrahmen im Fokus der Betrachtung.

Den Auftakt des Bandes bildet eine empirische Analyse. Der Beitrag von *Ines-Jacqueline Werkner* konstatiert zunächst – vor dem Hintergrund der historisch gewachsenen Ausdifferenzierung äußerer und innerer Sicherheit sowie militärischer und polizeilicher Gewalt – drei aktuelle Tendenzen: eine Konstabulisierung der Streitkräfte, einen verstärkten internationalen Einsatz von Polizeikräften sowie eine Zunahme von hybriden Einsatzkräften. Folgend reflektiert die Autorin am Beispiel des Afghanistaneinsatzes und seinen militärischen, polizeilichen und hybriden Missionen die Stärken und Schwächen der jeweiligen Einsatzkräfte.

Wener Schiewek wendet sich aus polizeiethischer Perspektive dem Konzept des Just Policing zu. Er skizziert die Voraussetzungen, Möglichkeiten und Grenzen polizeilichen Handelns und diskutiert vor diesem Hintergrund die Reichweite des Just Policing-Konzeptes für die Polizei. Dabei stelle die polizeiliche Gewaltanwendung gegenüber der militärischen eine strukturell domestiziertere Form dar. Aus diesem Grund sei sie deeskalativer, zugleich aber auch voraussetzungsvoller. Sie bedürfe „eines Mindestmaßes an äußerlich pazifizierten gesellschaftlichen Zuständen". Im Sinne einer grundlegenden Gerechtigkeitsausrichtung der polizeilichen Arbeit sei Just Policing aber „eine unaufgebbare Säule eines polizeilichen Selbstverständnisses".

Nina Leonhard diskutiert die mit dem Konzept des Just Policing verbundenen Vorstellungen von Militär und Polizei unter (militär-) soziologischen Gesichtspunkten. Mittels einer Analyse empirischer

Forschungsergebnisse gelangt die Autorin zu dem Schluss, dass die Eigenlogik militärischer Interventionen „im Kern nicht auf die Organisationsform des Militärs zurückzuführen [ist], sondern in der Akteurskonstellation internationaler Einsätze gewissermaßen grundsätzlich angelegt [ist]". Damit würde eine Substitution militärischer durch polizeiliche Einheiten die Problemlagen „verschieben, aber nicht lösen".

Hans-Joachim Heintze nimmt die völkerrechtlichen Implikationen des Just Policing-Konzeptes in den Blick. Zunächst stellt die Polizei ein Instrument zur Durchsetzung der nationalen Rechtsordnung dar. Da Staaten aufgrund der im Völkerrecht verankerten Menschenrechte dazu verpflichtet sind, „allen sich unter ihrer Jurisdiktion befindlichen Personen die in internationalen Verträgen verankerten Rechte einzuräumen", kommt für den Anwendungsbereich des Just Policing auch das Völkerrecht zum Tragen. In diesem Kontext müsse jeder internationale Einsatz, ob militärisch oder polizeilich, bezüglich seiner Bindung an das vom UN-Sicherheitsrat erteilte Mandat und die Menschenrechte reflektiert werden.

Heinz-Gerhard Justenhoven beleuchtet Just Policing im Lichte des friedensethischen Ansatzes „Frieden durch Recht". Ausgehend von einer bibeltheologischen Verortung nimmt der Autor den Stand der Herrschaft des Rechts zwischen den Staaten in den Blick und analysiert die Rechtsdurchsetzung mittels Polizeigewalt. Dabei vertritt er die These, dass Just Policing „die Entstehung funktionierender internationaler (Rechts-)Institutionen im Rahmen eines Weltinnenpolitik-Konzeptes voraussetzt".

Neben völkerrechtlichen und rechtsethischen Fragen ist zur Überprüfung und Weiterentwicklung des Just Policing-Konzeptes das jeweils zugrundeliegende und das Policing qualifizierende Verständnis von Gerechtigkeit zu hinterfragen. Dieses Anliegen verfolgt der Beitrag von *Fernando Enns*. So relevant im politisch-ethischen

Einführung

wie juristisch-philosophischen Diskurs eine rechtspositivistische Sicht auch sein mag, sei diese „noch nicht hinreichend zur Ergründung der Möglichkeiten einer (gewaltfreien) Friedensbildung". Vor diesem Hintergrund plädiert Enns für die Einbettung des Just Policing in den Kontext der restaurativen Gerechtigkeit.

In einer abschließenden Synthese führt *Hans-Joachim Heintze* die durchaus diversen Argumentationsstränge noch einmal zusammen. Zentral für die Anwendung der rechtserhaltenden Gewalt seien – so das Fazit des Autors – die Verhältnismäßigkeit des Einsatzes und seine Rückbindung an ein internationales Mandat. Dabei lassen diese Bedingungen die Frage offen, ob die Gewaltanwendung durch militärische oder polizeiliche Kräfte zu erfolgen habe.

Literatur

Ebeling, Klaus. 2006. *Militär und Ethik. Moral- und militärkritische Reflexionen zum Selbstverständnis der Bundeswehr.* Stuttgart: Kohlhammer.
Enns, Fernando. 2013. Gerechter Frieden zwischen Interventionsverbot und Schutzgebot. Das ethische Dilemma der Gewaltanwendung. In *Menschen geschützt – gerechten Frieden verloren? Kontroversen um die internationale Schutzverantwortung in der christlichen Friedensethik*, hrsg. von Ines-Jacqueline Werkner und Dirk Rademacher, 95–109. Münster: LIT.
Evangelische Kirche in Baden (EKiBa) (Hrsg.). 2013. *„Richte unsere Füße auf den Weg des Friedens – ein Diskussionsbeitrag aus der Evangelischen Landeskirche in Baden*. Karlsruhe: EKiBa.
Evangelische Kirche in Deutschland (EKD) (Hrsg.). 2007. *Aus Gottes Frieden leben – für gerechten Frieden sorgen. Eine Denkschrift des Rates der Evangelischen Kirche in Deutschland*. Gütersloh: Gütersloher Verlagshaus.

Friesen, Duane K. und Gerald W. Schlabach (Hrsg.). 2006. *At Peace and Unafraid: Public Order, Security, and the Wisdom of the Cross.* Scottdale, PA.: Herald Press.

Greener, Bethan K. 2011. The Rise of Policing in Peace Operations. *International Peacekeeping* 18 (2): 183–195.

Hahn, Ulrich. 2013. Vorstellung von „internationalen Polizeieinheiten". Acht Thesen. *Versöhnung. Internationaler Versöhnungsbund – Deutscher Zweig e. V., Rundbrief* (1): 7.

Kauffman, Ivan J. (Hrsg.). 2004. *Just Policing: Mennonite-Catholic Theological Colloquium 2002.* Kitchener, Ontario: Pandora Press.

Kleinig, John. 1996. *The Ethics of Policing. Cambridge Studies in Philosophy and Public Policy.* Cambridge: Cambridge University Press.

Müller, Erwin. 1998. Internationale Polizei: Prinzip und Konzept. *Sicherheit und Frieden* 16 (1): 5–18.

Neufeldt, Reina C. 2007. Just Policing and International Order: Is it Possible? In *Just Policing, Not War. An Alternative Response to World Violence*, hrsg. von Gerald W. Schlabach, 153–171. Collegeville, Minnesota: Liturgical Press.

Ökumenischer Rat der Kirchen (ÖRK). 2006. *Gefährdete Bevölkerungsgruppen: Erklärung zur Schutzpflicht.* Porte Alegre: ÖRK.

Ökumenischer Rat der Kirchen (ÖRK), Zentralausschuss. 2011. *Ein ökumenischer Aufruf zum gerechten Frieden.* Genf: ÖRK.

Ooyen, Robert C. van. 2006. Community Policing. In *Wörterbuch zur Inneren Sicherheit*, hrsg. von Matthias Gasch und Hans-Jürgen Lange, 44–48. Wiesbaden: VS Verlag für Sozialwissenschaften.

Pfeil, Margaret und Gerald W. Schlabach (Hrsg.). 2013. *Sharing Peace. Mennonites and Catholics in Conversation.* Collegeville, MN.: Liturgical Press.

Schlabach, Gerald W. (Hrsg.). 2007a. *Just Policing, Not War. An Alternative Response to World Violence.* Collegeville, MN: Liturgical Press.

Schlabach, Gerald W. 2007b. Warfare vs. Policing. In Search of Moral Clarity. In *Just Policing, Not War. An Alternative Response to World Violence*, hrsg. von Gerald W. Schlabach, 69–92. Collegeville, MN: Liturgical Press.

Schlabach, Gerald W. 2011. „Just Policing" – die Frage nach der (De-)Legitimierung des Krieges muss nicht kirchentrennend bleiben. Lernerfahrungen aus dem mennonitisch-katholischen Dialog. *Ökumenische Rundschau* 60 (1): 66–79.

Stodiek, Thorsten. 2002. Internationale Polizei als Alternative zur militärischen Konfliktbearbeitung. In *Internationale Polizei – Eine Alternative zur militärischen Konfliktbearbeitung*, hrsg. von Hermann Düringer und Horst Scheffler, 39–64. Frankfurt a. M.: Haag + Herchen Verlag.
Werkner, Ines-Jacqueline. 2011. Die Verflechtung innerer und äußerer Sicherheit. Aktuelle Tendenzen in Deutschland im Lichte europäischer Entwicklungen. *Zeitschrift für Außen- und Sicherheitspolitik* 4 (1): 65–87.
Werkner, Ines-Jacqueline. 2017. Just Policing – ein neues Paradigma? In *Handbuch Friedensethik*, hrsg. von Ines-Jacqueline Werkner und Klaus Ebeling, 881–891. Wiesbaden: Springer VS.
Werkner, Ines-Jacqueline. 2018. Just Policing – eine Alternative zur militärischen Intervention? In *Just Policing. Eine Alternative zu militärischer Intervention?*, hrsg. von A. Uta Engelmann und Ines-Jacqueline Werkner, 8–166. Karlsruhe: Evangelische Akademie Baden.
Winright, Tobias. 2007. Community Policing as a Paradigm for International Relations. In *Just Policing, Not War. An Alternative Response to World Violence*, hrsg. von Gerald W. Schlabach, 130–152. Collegeville, MN: Liturgical Press.

Just Policing – eine empirische Perspektive

Ines-Jacqueline Werkner

1 Einleitung

Das in den 2000er Jahren entwickelte Konzept des Just Policing – verstanden als „gerechtes polizeiliches Handeln" (Schlabach 2011, S. 66) – steht für den Versuch, das Ideal der Gewaltfreiheit mit der Friedensschaffung und internationalen Schutzverantwortung in Einklang zu bringen. So würden sich Polizeieinheiten aufgrund ihres Aufgabenprofils und ihrer Ausstattung deutlich vom Militär unterscheiden. Dabei ginge es nicht – so Fernando Enns (2013, S. 107) – um einen „Sieg über andere", sondern vielmehr darum, „gerechte win-win-Lösungen zu ermöglichen", und diese mit geringstmöglicher Zwangsausübung. Dieser Gedanke findet sich auch in zentralen friedensethischen Dokumenten: in der Erklärung des Ökumenischen Rates der Kirchen zur Schutzpflicht (vgl. ÖKR 2006, Ziff. 16), in der Friedensdenkschrift der Evangelischen Kirche in Deutschland (vgl. EKD 2007, Ziff. 104) und explizit im Diskussionsbeitrag zur Friedensethik der Evangelischen Landeskirche in Baden (vgl. EKiBa 2013, S. 10).

Welche friedenspolitischen Implikationen weist Just Policing aber im internationalen System auf? Inwiefern kann Just Policing eine Alternative zu militärischen Einsätzen darstellen? Und inwieweit ist der Vorschlag geeignet, bedrohte Menschengruppen zu schützen? Diese Fragen sollen empirisch am Beispiel des Afghanistaneinsatzes reflektiert werden. Dabei werden die jeweiligen Stärken und Schwächen der verschiedenen Gewalten exemplarisch an der NATO-geführten ISAF-Mission, der Nachfolgeoperation *Resolute Support*, den beiden Polizeimissionen – dem *German Police Project Team* (GPPT) und EUPOL – sowie der EUROGENFOR Afghanistan herausgearbeitet und im Hinblick auf die Idee des Just Policing reflektiert.[1]

2 Aktuelle Tendenzen: Die Grenzen verschwimmen

Ausgangspunkt ist die mit der Westfälischen Ordnung sich entwickelnde Trennung äußerer und innerer Sicherheit sowie Ausdifferenzierung militärischer und polizeilicher Gewalt einschließlich klassischer Aufgaben, Ausrichtungen und Strukturmerkmale beider Gewalten (vgl. Reinhard 1999, S. 351ff.; Conze 1984, S. 842ff.). Während mit dem Militär drei zentrale Funktionen assoziiert werden – in seiner defensiven Rolle Abschreckung und Selbstverteidigung, in seiner offensiven (und ausgehend von der Existenz von Feindbildern) Angriffe auf andere Staaten –, verbindet sich mit der Polizeigewalt die Ausübung von Zwangsgewalt im Sinne der

---

1 Der Beitrag basiert auf Werkner (2018), einer im Auftrag der Evangelischen Kirche in Baden durchgeführten empirischen Studie, die sich neben der klassischen Literaturauswertung und Dokumentenanalyse auf leitfadengestützte Experteninterviews mit Vertretern militärischer, polizeilicher und hybrider Einsatzkräfte stützt.

Just Policing – eine empirische Perspektive

unparteiischen Abwehr von Gefahren für die öffentliche Sicherheit und Ordnung. Diese dichotome Unterscheidung legt Gerald Schlabach auch dem Just Policing-Ansatz zugrunde. Trifft dieser Ausgangspunkt aber auch heutzutage noch zu? Mit den neuen Kriegen (vgl. Kaldor 2000; Münkler 2002), verstärkt seit Anfang der 1990er Jahre und insbesondere seit den Anschlägen vom 11. September 2001, sind ein Aufgabenwandel beider Organisationen sowie damit einhergehende Tendenzen erkennbar, entgegen der historisch gewachsenen funktionalen Ausdifferenzierung von Sicherheit die äußere und innere Sphäre enger miteinander zu verzahnen (vgl. Werkner 2011). Konkret lassen sich drei Entwicklungen ausmachen:

1. *die Konstabulisierung (Verpolizeilichung) der Streitkräfte*: Es geht nicht mehr um die klassischen und im engen Zusammenhang mit der Nation stehenden Aufgaben des Militärs, eher um militärische Einsätze zur internationalen Rechtsdurchsetzung (*Military Operations Other Than War*). Dazu zählen friedensbewahrende Einsätze, humanitäre Interventionen, friedensschaffende Missionen sowie Postkonflikt- und staatsbildende Einsätze, bei denen Polizeiaufgaben, Ordnungs- und Friedenssicherungsfunktionen sowie Hilfs- und Rettungsdienste im Fokus der Tätigkeit der Soldatin und des Soldaten stehen (vgl. Haltiner 2006, S. 518f.; Kümmel 2012; Klein und Kümmel 2012, S. 57f.).
2. *der verstärkte internationale Einsatz von Polizeikräften*: Polizeieinheiten werden verstärkt zur Konfliktbearbeitung im Ausland eingesetzt. Das beinhaltet die gesamte Bandbreite internationaler Einsätze wie UN-, OSZE- und EU-Missionen. Inhaltlich umfasst es vorrangig die Beobachtung, Beratung und Ausbildung der lokalen Polizei. Prinzipiell kann das Aufgabenspektrum aber auch weiter gefasst sein: die Reform der bestehenden Polizei beziehungsweise den Aufbau einer neuen Polizei, die Unter-

stützung des Sicherheitssektors sowie die Ausübung exekutiver Polizeifunktionen (vgl. Schmidl 2011, S. 82; Lehmann 2013, S. 57ff.). Seit den UN-Missionen im Kosovo und in Ost-Timor ist eine weitere Entwicklung zu beobachten: der zunehmende Einsatz geschlossener Polizeieinheiten (*Formed Police Units*) für ein „more rubust policing" (UN 2010, S. 4).

3. *die Zunahme von hybriden Einsatzkräften*: Dazu zählen sogenannte paramilitärische Einheiten wie Gendarmerien und *Border Guards*. Diese Kräfte befinden sich an der Schnittstelle zwischen den beiden Exekutivorganen Militär und Polizei. Nach Didier Bigo (2000, S. 169) können Paramilitärs dort präsent sein, wo entweder die Polizei nicht riskiere hinzugehen (zur Wiederherstellung der Ordnung in Krisengebieten) oder wo das Militär keine geeigneten Wege finde zu intervenieren (wo es beispielsweise darauf ankomme, den Feind nicht zu töten, sondern ihn zu kontrollieren). Eine weitere Form der Hybridisierung zeigt sich in der Aufstellung von Polizeispezialeinheiten mit Sonderausrüstung. So haben viele Länder in den letzten Jahren spezielle Antiterroreinheiten, sogenannte SWAT-Einheiten (*Special Weapons and Tactics*), eingerichtet – auch Deutschland mit der BFE+.

3 Stärken und Schwächen militärischer, polizeilicher und hybrider Einsatzkräfte am Beispiel des Afghanistaneinsatzes

3.1 ISAF und Resolute Support

Im Dezember 2001 verabschiedete der UN-Sicherheitsrat in seiner Resolution 1386 unter Berufung auf Kapitel VII der UN-Charta und mit Zustimmung der afghanischen Übergangsregierung die

Just Policing – eine empirische Perspektive

Einrichtung der *International Security Assistance Force* (ISAF), „um die afghanische Interimsverwaltung bei der Aufrechterhaltung der Sicherheit in Kabul und seiner Umgebung zu unterstützen". Diese Mission wurde unter zunächst britischer Führung als Unterstützungsmission eingesetzt, „in Anerkennung dessen, dass die Afghanen selbst dafür verantwortlich sind, für Sicherheit und Recht und Ordnung im gesamten Land zu sorgen". Zugleich ermächtigte der UN-Sicherheitsrat „die an der Truppe teilnehmenden Mitgliedsstaaten, alle zur Erfüllung ihres Mandats notwendigen Maßnahmen zu ergreifen". Damit war von Beginn an der ISAF-Mission die umfassende Anwendung militärischer Gewalt gestattet. Mit der Resolution 1510 vom Oktober 2003 wurde das Mandat auf das gesamte Land ausgeweitet, um „bis zur Wiederherstellung dauerhafter staatlicher Institutionen sicherheitsbezogene Hilfe zu leisten", die Mission unter das Kommando der NATO gestellt und eine enge Zusammenarbeit mit der unter US-Führung stehende *Operation Enduring Freedom* (OEF) beschlossen. Angesichts der Breite und Unbestimmtheit des Mandates waren die verfolgten Aufgaben vielfältig. Zu diesen gehörten unter anderem die Schaffung eines sicheren Umfeldes für die Arbeit der afghanischen Behörden und internationalen Organisationen, die Unterstützung der afghanischen Sicherheitskräfte bei der Bekämpfung von Taliban-Kämpfern und anderen Aufständischen, die Gewalttaten gegen die Bevölkerung, afghanische Regierungsvertreter und ISAF-Soldaten verüben, sowie die Beratung und Ausbildung der afghanischen Sicherheitskräfte (der *Afghan National Army*, aber auch der *Afghan National Police*).[2]

---

2 Vgl. auch http://www.bpb.de/politik/hintergrund-aktuell/197874/das-ende-der-isaf-mission-in-afghanistan-16-12-2014. Zugegriffen: 15. April 2016.

Resolute Support hat die Ende 2014 auslaufende ISAF-Mission abgelöst. Rechtliche Basis ist der Einsatzbeschluss des Nordatlantikrates vom 2. Dezember 2014 und die Zustimmung der afghanischen Regierung. Sie unterscheidet sich deutlich von der ISAF-Mission. Mit ca. 17.000 Soldaten[3] ist sie nicht nur weitaus kleiner als ISAF, die in ihren Höchstzeiten bis zu 132.000 Kräfte umfasste (vgl. Münch 2015, S. 3), insbesondere ist ihr Aufgabenspektrum ein anderes, das die NATO selbst als „transition of NATO support from a combat role to a train, advise, and assist mission"[4] beschreibt. Der Fokus von *Resolute Support* liegt vor allem in der Beratung und Ausbildung der afghanischen Sicherheitskräfte. Im Vergleich zum ISAF-Einsatz hat sich der Schwerpunkt „von der Ausbildung auf dem Feld hin zur Beratung auf höherer Ebene, im Wesentlichen des Ministry of Defence und des Generalstabs" (Interview Schneider 2016) verlagert. Der Paradigmenwandel zur „non-combat mission" zeigt sich auch im militärischen Gewaltgebrauch. Im Gegensatz zur ISAF-Mission[5] ist dieser deutlich begrenzt und kommt polizeirechtlichen Regelungen recht nahe. So ist in der deutschen Mandatierung der *Resolute Support Mission* den Streitkräften neben dem Recht auf Selbstverteidigung die Gewaltanwendung nur zum Schutz Dritter im Sinne der Nothilfe[6] gestattet:

---

3 Stand: Dezember 2018; vgl. https://www.nato.int/nato_static_fl2014/assets/pdf/pdf_2018_12/20181203_2018-12-RSM-Placemat.pdf. Zugegriffen: 3. Mai 2019.

4 http://www.rs.nato.int/mission.html. Zugegriffen: 15. April 2016.

5 Parallel zur UN-Resolution sahen auch die deutschen Regelungen für ISAF vor, „alle erforderlichen Maßnahmen einschließlich der Anwendung militärischer Gewalt zu ergreifen, um den Auftrag gemäß Resolution 1386 (2001) durchzusetzen" (Drucksache 14/7930. http://www.glasnost.de/docs01/1407930.pdf. Zugegriffen: 15. April 2016).

6 Allerdings erweist sich auch der Fremdschutz in einem derart unsicheren Gebiet wie Afghanistan als interpretierbar.

Just Policing – eine empirische Perspektive

„Die im Rahmen der Resolute Support Mission eingesetzten Kräfte sind zum Schutz von Personen berechtigt, sofern diese Angriffen ausgesetzt sind, die lebensgefährdend sind oder schwere körperliche Beeinträchtigungen hervorrufen können und die zuständigen Sicherheitskräfte allein keinen ausreichenden Schutz bieten können."[7]

Damit zeigen ISAF und *Resolute Support*, beides Missionen unter dem Kommando der NATO zur Unterstützung der afghanischen Regierung bei der Schaffung von Stabilität und Sicherheit, die bestehende Bandbreite militärischer Operationen auf, vom Stabilisierungs- und Kampfeinsatz mit „allen erforderlichen Maßnahmen" bis hin zu einem Einsatz, der bezüglich der Gewaltanwendung sehr strikten Vorgaben unterliegt.

Worin liegen nun aber die spezifischen Stärken und Schwächen des Einsatzes des Militärs in Friedensmissionen? Die befragten Vertreter von ISAF und *Resolute Support* zeichnen diesbezüglich ein einheitliches Bild. Das Militär wird als ein Instrument angesehen, das sich in unterschiedlichen Konfliktphasen und verschiedenen Situationen einsetzen lässt. Betont wird die breite Palette an Aufgaben: von der zivilen Katastrophenhilfe über Beratung und Ausbildung sowie Unterstützungsmissionen zur Förderung von Stabilität und Sicherheit bis hin zu Kampfeinsätzen, beispielsweise zur Bekämpfung des transnationalen Terrorismus (vgl. Interviews Ramsay 2015 und Sandrart 2016). Ihr Spezifikum aber ist es, auch in hoch gefährlichen Situationen eingesetzt werden zu können:

„Militär ist in hoch intensiven Konflikten mit hoher Gewaltbereitschaft, in denen die Trennung von Konfliktparteien oder die Wiederherstellung von Sicherheit Priorität haben, ein wirkungsvolles, in der Regel auch das einzige geeignete Mittel" (Interview Leidenberger 2015).

---

7 Drucksache 18/3246. http://dip21.bundestag.de/dip21/btd/18/032/1803246.pdf. Zugegriffen: 15. April 2016.

Diese Fähigkeit zeichnet das Militär gegenüber allen anderen Einsatzkräften aus. Es schafft häufig erst das sichere Umfeld, in dem dann zivile oder polizeiliche Kräfte zum Einsatz kommen können:

> "When there is a security situation which is as severe as it was in Afghanistan in those days, frankly the security concerns would not allow civilian actors to operate on their own. So, they need a security environment in which they can operate. And the military provides that and really no other force can provide that" (Interview McColl 2015; vgl. auch Interviews Petek 2015, Leidenberger 2015 und Schneider 2016).

So müssen teilweise auch internationale Polizeieinsätze vor Ort durch das Militär beschützt werden:

> „Dort, wo Bedrohung und Gewaltbereitschaft hoch sind, wird eine reine Polizeimission sicher nicht ausreichend sein. So erinnere ich daran, dass die Polizisten des DEU GPPT Projektes in Nordafghanistan immer durch Soldaten beschützt werden mussten, um ihren Auftrag überhaupt ausführen zu können" (Interview Leidenberger 2015).

Dabei kann das Militär – und das betonen die befragten ISAF- und *Resolute Support*-Vertreter explizit – lediglich Symptome lindern, nicht aber den Konflikt selbst lösen. Von daher können militärische Mittel nur eine Komponente der Konfliktbearbeitung darstellen und sollten zwingend in umfassende Konzepte eingebettet werden (vgl. Interviews McColl 2015 und Leidenberger 2015). Die Befragten sprechen sich für eine Konzentration der Einsatzkräfte auf ihre jeweiligen Kernkompetenzen aus (vgl. Interviews Petek 2015 und Leidenberger 2015); dabei komme auch den polizeilichen und zivilen Kräften angesichts ihrer unterschiedlichen Funktionen eine entscheidende Bedeutung zu:

Just Policing – eine empirische Perspektive

„Militär sollte man nicht als Ersatz für Polizeikräfte nutzen. Wir hatten in Afghanistan teilweise auch so eine Tendenz. Was ich in Afghanistan an der EUPOL-Mission oder am German Police Project Team erleben konnte, war, dass eine Zivilgesellschaft eine zivile Ordnungsmacht braucht, und das ist einfach die Polizei, nicht das Militär" (Interview Graf 2016; vgl. auch Interview McColl 2015).

Zu den zentralen Kompetenzen der Soldatinnen und Soldaten auf operativer Ebene gehören strategisches und zielorientiertes Denken und Planen, eine gründliche und einsatzspezifische Ausbildung (bei der die kulturelle Kompetenz seit über 20 Jahren fester Bestandteil der Einsatzvorbereitungen ist), eine strukturell bedingte schnelle, effektive und effiziente Auftragserfüllung sowie die Fähigkeit, auch in Orten ohne Infrastruktur überleben zu können. Hinzu kommt die hohe Verfügbarkeit von Streitkräften, die im Gegensatz zur Polizei, die in inländische Strukturen und Aufgaben eingebunden ist, explizit für internationale Einsätze bereitgehalten werden (vgl. Interview Sandrart 2016). Neben diesen spezifischen Fähigkeiten verfügt das Militär zudem über weitreichende Ressourcen; diese umfassen nicht nur das militärische Personal und die technische Ausrüstung, sondern auch Unterstützung in Form von Geld, Mittel und Expertise (vgl. Interviews Sandrart 2016, Schneider 2016 und Leidenberger 2015).

Die Kommunikation im Einsatzland beschränkt sich – und das kann, gerade im Hinblick auf die Akzeptanz des militärischen Einsatzes vor Ort, als eine zentrale Schwäche gelten – zumeist auf die Regierungs- und Führungsebene. Zur lokalen Bevölkerung fehlt der Kontakt dagegen weitgehend:

> „Mit der Bevölkerung sprechen wir nicht. Das ist rein praktisch nicht möglich, denn wo sollen wir denn anhalten? Die Resolute Support-Vorgehensweise hinsichtlich Bewegungen/Straßenverkehr heißt: Ich möchte keinen in meiner Nähe haben und niemanden an mein Fahrzeug heranlassen. Um von Punkt A nach Punkt B

zu kommen, muss alles angemeldet werden" (Interview Schneider 2016; vgl. auch Interview Graf 2016).

Was die (fehlende) Erfolgsbilanz militärischer Missionen anbelangt, machen die befragten ISAF-Vertreter vornehmlich den fehlenden ressortübergreifenden Ansatz verantwortlich. So sei von den drei zentralen Zielen in Afghanistan – sicheres Umfeld, gute Regierungsführung (*Good Governance*) und wirtschaftliche Förderung – lediglich die Schaffung eines sicheren Umfeldes zu großen Teilen erreicht worden, wohingegen die internationale Gemeinschaft bei der Umsetzung des zweiten und dritten Zieles noch auf halbem Wege sei (vgl. Interview Sandrart 2016; The Asia Foundation 2018). Auch das Friedensgutachten 2015 betont, dass die Komponenten der zivilen Konfliktbearbeitung – die sich häufig in der Trias zivile Konfliktprävention, Demokratieförderung und Entwicklungszusammenarbeit festmachen lassen – oft nicht in entsprechender Weise umgesetzt werden beziehungsweise zum Tragen kommen (vgl. Kursawe et al. 2015, S. 23ff.) – so auch in Afghanistan. Zugleich ist aber auch zu konstatieren, dass das militärische Ziel, die Schaffung eines sicheren Umfeldes, in 13 Jahren ISAF-Einsatz nicht erreicht wurde. Dass die fehlende Sicherheit im Land nach wie vor zu den größten Problemen Afghanistans zählt, lässt sich nicht nur anhand von Bevölkerungsumfragen ablesen (vgl. The Asia Foundation 2018, S. 29, 45). Auch ein Blick auf die nach wie vor hohen zivilen Opferzahlen in Afghanistan[8], die vorrangig auf oppositionelle bewaffnete Gruppen zurückgehen (UNAMA 2019, S. 4), zeigt die begrenzte Wirkung internationaler militärischer Einsätze auf.

Aber die Problematik reicht noch weiter: Denn auch wenn die NATO die Zahl der durch ihre Operationen verursachten zivilen

---

8   UNAMA (2019, S. 1) sprach 2018 von 3.804 Toten und 7.189 Verwundeten unter der zivilen Bevölkerung in Afghanistan.

Opfer in den letzten Jahren deutlich reduzieren konnte, trägt sie eine Mitverantwortung für die hohe Zahl ziviler Opfer. So habe die NATO-Kriegsführung „indirekte Effekte verursacht, die Zivilisten schaden. Sie hat unbeabsichtigt die Praktiken afghanischer bewaffneter Gruppen verändert" (Bell und Friesendorf 2014, S. 6). Dazu gehören improvisierte Sprengsätze, Selbstmordanschläge sowie gezielte Angriffe gegen jene, die mit dem afghanischen Staat oder der NATO selbst zusammenarbeiten (vgl. Bell und Friesendorf 2014). So ergibt sich insgesamt betrachtet ein eher ernüchterndes Bild, was die Stärken und Schwächen militärischer Einsatzkräfte in Friedensmissionen – hier vor allem am Beispiel von ISAF und *Resolute Support* diskutiert – anbelangt (vgl. Abbildung 1).

Stärken	**Schwächen**
• in allen Konfliktphasen einsetzbar, auch in gefährlichen Situationen und bei Kampfhandlungen	• Symptomlinderung, aber keine Konfliktlösung
• breites Aufgabenspektrum	• aber auch das militärische Ziel der Schaffung eines sicheren Umfeldes wurde nicht erreicht
• operative Kompetenzen: hohe Verfügbarkeit, strategisches und zielorientiertes Agieren, schnelle und effektive Auftragserfüllung, einsatzspezifische Ausbildung, Überlebensfähigkeit	• Mitverantwortung der NATO für zivile Opfer in Afghanistan („Kollateralschäden", aber auch indirekte Effekte)
	• hohe Zahl gefallener Soldaten
	• keinen Kontakt zur lokalen Bevölkerung
• weitreichende Ressourcen	

Abb. 1 Stärken-Schwächen-Profil militärischer Einsatzkräfte
Quelle: Eigene Darstellung

Dennoch ist diese Bilanz zu nicht geringen Teilen auch politisch zu verantworten: durch unterschiedliche nationale Interessen, nicht klar formulierte und begrenzte Zielsetzungen und eine Diskrepanz in der Mandatierung zwischen Unterstützungs- und Stabilisierungsmaßnahmen einerseits und der unbegrenzten militärischen Gewaltanwendung (*all necessary means*) andererseits.

3.2 GPPT und EUPOL

Einen weiteren Schwerpunkt des internationalen Engagements in Afghanistan stellt die Beratung und Ausbildung der afghanischen Polizei dar. Die polizeiliche Aufbauhilfe gilt als eine von fünf Bestandteilen der Reform des Sicherheitssektors; in diesem Bereich ist Deutschland sehr aktiv und hat international die Führungsrolle übernommen.[9] Im März 2002 wurde das *German Police Project Team* (GPPT), ein deutsches Polizeiberaterteam, eingerichtet. Grundlage dieses Einsatzes ist ein bilaterales Abkommen zwischen Deutschland und Afghanistan vom 15. März 2002. Darin wurde die Einrichtung eines Projektbüros der deutschen Polizei in Kabul mit folgenden Aufgaben festgeschrieben:

- „Beratung der afghanischen Sicherheitsbehörden beim Aufbau einer Polizei, die rechtsstaatlichen Grundsätzen und der Beachtung der Menschenrechte verpflichtet ist, und bei der Bekämpfung des Drogenanbaus, der -verarbeitung sowie des -handels,
- Unterstützung bei der Ausbildung von Polizeirekruten nach den vorgenannten Grundsätzen,

---

9 Die Sicherheitssektorreform umfasst fünf Bereiche mit entsprechenden Zuständigkeiten (*lead nations*): Militär (USA), Polizei (Deutschland), Justiz (Italien), Auflösung und Entwaffnung illegaler Milizen (Japan) sowie Drogenbekämpfung (Großbritannien) (vgl. BMI 2006, S. 6).

Just Policing – eine empirische Perspektive

- Hilfeleistungen bei der Einrichtung einer Polizeiakademie,
- Umsetzung der bilateralen polizeilichen Ausstattungshilfe und
- Koordinierung der internationalen Unterstützung für den Aufbau der afghanischen Polizei" (BMI 2006, S. 8).

Das GPPT unterstützt das polizeiliche Ausbildungssystem. Es hat vier Polizeitrainingszentren errichtet (in Kabul, Masar-e Sharif, Kunduz und Faisabad), die alle bis 2014 an die afghanische Polizei übergeben worden sind, und etwa 72.000 Aus-, Fortbildungs- und Mentoringmaßnahmen durchgeführt. Inzwischen liegt der Schwerpunkt der Arbeit des GPPT in der Beratung von Entscheidungsträgerinnen und -trägern und in der Fortbildung spezieller Polizeibereiche.[10] Im Rahmen des *German Police Project Team* waren teilweise bis zu 200 deutsche Polizisten in Afghanistan; gegenwärtig sind es 51 Polizeibeamte.[11]

Im Mai 2007 wurde maßgeblich auf deutsche Initiative hin[12] die *European Union Police Mission Afghanistan* (EUPOL), eine

---

10 Vgl. http://www.bmi.bund.de/DE/Themen/Sicherheit/Internationale-Zusammenarbeit/Polizeiprojekt-Afghanistan/polizeiprojekt-afghanistan_node.html. Zugegriffen: 15. April 2016.
11 Stand: Mai 2019; vgl. https://www.bundesregierung.de/breg-de/themen/sicherheit-und-verteidigung/auslandseinsaetze/uebersicht-auslandseinsaetze/german-police-project-team-gppt--85180. Zugegriffen: 3. Mai 2019.
12 Seit 2003 bildeten auch die USA afghanische Polizisten aus (die USA v. a. die unteren Ränge; GPPT die Polizisten im gehobenen Dienst). Das US-amerikanische Engagement verstärkte sich mit den afghanischen Parlamentswahlen 2005, die durch zahlreiche Anschläge begleitet wurden. Auch wenn Deutschland Führungsnation blieb, dominierten de facto die USA den Polizeiaufbau in Afghanistan, insbesondere aufgrund ihres massiven Mitteleinsatzes. So wollte die Bundesregierung „den Druck der USA durch die Übergabe der Verantwortung an die EU verringern" (Friesendorf und Krempel 2010,

Polizeimission im Rahmen der Gemeinsamen Sicherheits- und Verteidigungspolitik der Europäischen Union, eingerichtet. Rechtliche Grundlage dieser Mission war die Gemeinsame Aktion 2007/369/GASP des Rates vom 30. Mai 2007. Danach bestand das Ziel von EUPOL, dazu beizutragen, „dass unter afghanischer Eigenverantwortung tragfähige und effiziente Strukturen der Zivilpolizei geschaffen werden"; dabei sollte eine vertrauenswürdige Polizei entstehen, „die nach internationalen Standards im Rahmen der Rechtsstaatlichkeit arbeitet und die Menschenrechte achtet" (Art. 3). EUPOL hatte eine Beratungs- und Ausbildungsfunktion ohne Exekutivbefugnisse (Art. 4, Abs. 2). Des Weiteren sah die Gemeinsame Aktion im Bereich der Logistik eine Kooperation mit ISAF vor:

> „Mit ISAF und den Führungsnationen des Regionalkommandos/PRT werden technische Vereinbarungen über Informationsaustausch, medizinische Versorgung, Sicherheit und logistische Unterstützung, einschließlich der Unterbringung bei Regionalkommandos und den PRT, getroffen" (Art. 5 Abs. 3).

EUPOL enthielt drei Komponenten: die Reform des Innenministeriums (*Ministry of Interior Reform Component*), die Einführung professioneller Standards in der *Afghan National Police* einschließlich der Implementierung eines *Code of Conduct* und der Bekämpfung der Korruption sowie die Förderung von Rechtsstaatlichkeit. Sie wurde Ende Dezember 2016 beendet.

Ein Vergleich der beiden Missionen GPPT und EUPOL zeigt gewisse Unterschiede in der Schwerpunktsetzung der Aufgaben auf. Lena Lehmann (2013, S. 95) spricht bei EUPOL von einem „top-down"-Ansatz. So setze man dort auf strategischer Ebene an,

---

S. 13). Zur deutschen Polizei in Afghanistan vgl. auch Friesendorf et al. (2013, S. 21ff.).

um verbindliche Standards zu implementieren. Dagegen verfolge GPPT eher einen „bottom-up"-Ansatz, der mit der Ausbildung von Polizisten im mittleren und gehobenen Dienst an der Basis der Polizeiarbeit ansetze. Mit der Übergabe der Polizeitrainingszentren an die afghanische Polizei und den neuen Aufgabenschwerpunkten des GPPT haben sich aber auch diese Unterschiede weitgehend nivelliert.

Die beiden Polizeimissionen stehen beziehungsweise standen in Afghanistan vor erheblichen Herausforderungen: Das reicht von der hohen Korruption im Land, die sich auch in der afghanischen Polizei zeigt, über den Analphabetismus (in der Polizei bis zu 70 Prozent; vgl. Interview Voelker und Pijers 2015) bis hin zu menschenrechtlichen und Genderaspekten. Zudem hatte die afghanische Polizei auch militärische Züge:

> "Well, that is one of the key issues here in Afghanistan, that the Afghan National Police are being very much used like the army. So, they are virtually in the front line, they are fighting a war, which probably is not right in terms of the use of a police force, because that is not what they are designed for" (Interview Haynes 2016; vgl. auch Interview Radek 2016).

Es bedarf eines langen Prozesses, dass ein Staat, dessen Polizei über Jahrzehnte durch autoritäre und auch militärische Strukturen geprägt war, bereit ist, eine völlig neue Sicherheitsphilosophie anzunehmen und zu implementieren. Und auch in der Bevölkerung muss ein Lernprozess beginnen, dass diese Polizei nicht mehr als autoritäre, sondern bürgernahe Institution wahrgenommen wird. Das kann Chance und Hindernis zugleich sein (vgl. Interview Bierschenk 2015).

Wenn es gelingt, diesen Transformationsprozess in Gang zu setzen, können internationale Polizeimissionen einen nachhaltigen Beitrag zum *Statebuilding* und zur Reform des Sicherheitssektors leisten. Genau darin – und das betonen auch durchgängig die hier befragten Repräsentanten – liegt die große Stärke polizeilicher Einsätze:

> „Jede Form zivilgesellschaftlicher Entwicklung setzt Sicherheit und Ordnung voraus. Die Bevölkerung muss darauf vertrauen können, von einer gut ausgebildeten, nach rechtsstaatlichen Grundsätzen agierenden Polizei beschützt zu werden. Wenn sich die Menschen nicht mehr auf die Straße wagen und Angst haben müssen, ausgeraubt, überfallen, vergewaltigt zu werden, wenn sie kein Vertrauen in den Schutz durch die Polizei haben können, weil diese schlecht ausgebildet, korrupt oder gewalttätig ist, erlahmt ziviles gesellschaftliches Zusammenleben. Eine der wesentlichen Aufgaben von zivilen Polizeimissionen ist es aus meiner Sicht, dieses Vertrauen wieder herzustellen und Strukturen zu entwickeln, die dieses Vertrauen rechtfertigen. […] Das macht jeden Polizisten, der in einer zivilen Mission eingesetzt ist, auch zu einem Botschafter gewisser Werte, gewisser Versprechen staatlicher Autorität gegenüber der Gesellschaft" (Interview Russ 2016; vgl. auch Interviews Radek 2016 und Walter 2016).

Polizistinnen und Polizisten sind spezialisiert in „community engagement, community governance, working with the public, community policing" (Interview Haynes 2016). Sie besitzen die Expertise, wie eine zivile Polizei aufgebaut sein und in der Öffentlichkeit agieren sollte, wie sich Vertrauen und Zuversicht der Bevölkerung gewinnen lässt, wie Rechtsstaatlichkeit entwickelt, Ordnung und Sicherheit hergestellt und Kriminalität reduzieren werden kann (vgl. Interview Haynes 2016). Dabei unterscheidet sich die polizeiliche Arbeitsweise, gerade wenn diese im Sinne eines *Community Policing* gedacht wird, deutlich von der des Militärs:

> "If you look at a soldier, they are very focused on activity, so they will be looking at one particular task. Whereas, as police officers, we are looking much more across the field in terms of not just try-

ing to tackle the issue, but trying to look at the problem, trying to identify causes, trying to find solutions. So, our direction is much wider in terms of what we look at" (Interview Haynes 2016; vgl. auch Interview Voelker und Pijers 2015).

Ein zentrales Moment polizeilichen Handelns macht damit der Kontakt zur und der Dialog mit der lokalen Bevölkerung aus, denn: „Die wichtigste Waffe des Polizisten ist das gesprochene Wort" (Interview Russ 2016). Normalerweise – was in Afghanistan allerdings nicht der Fall war – leben Polizisten internationaler Missionen in der lokalen Gemeinschaft und kennen die Hintergründe und Problemfelder vor Ort auch sehr viel besser als das Militär (vgl. Interview Neunteufl 2016). Zudem werden Polizeimissionen in der lokalen Bevölkerung bewusst als zivile Missionen wahrgenommen; Waffen werden ausschließlich zur Eigensicherung getragen. Das zeitige dann auch indirekte Effekte: „So, fortunately, the number of attacks on us is low, but the risks are quite high" (Interview Haynes 2016).

Aber gerade der für diesen Zugang notwendige Kontakt zur Bevölkerung war angesichts der angespannten Sicherheitslage in Afghanistan überhaupt nicht möglich. Dieser beschränkte sich ausschließlich auf dienstliche Kontakte mit Entscheidungsträgern:[13]

„Kontakte zur Bevölkerung hat es zu meiner Zeit [10/2013-12/2014, Anm. der Verf.] nicht mehr gegeben, absolut nicht mehr. Es hat auch keine Kontakte mehr zu normalen Polizisten geben, es waren nur noch Kontakte zur Top-Führungsebene […] Wenn man na-

---

13 Der fehlende Kontakt zur lokalen Bevölkerung ist aber nicht nur der Sicherheitslage vor Ort geschuldet, sondern ergibt sich auch aus dem Mandat von EUPOL, das bewusst auf strategischer Ebene ansetzt, und der Dialog damit vor allem mit politischen Entscheidungsträgern und der polizeilichen Führung stattfindet (vgl. Interview Voelker und Pijers 2015).

türlich in einer Familie lebt, wie im Kosovo, wo ich für anderthalb Jahren bei einer Familie einquartiert war, da bekommt man sehr viel mit, auch politische Situationen, wie es den Leuten geht, Gefühlsregungen, auch von den Medien. Es wird einem gesagt, was sich im Land abspielt, weil man natürlich einen direkten Kontakt hat. Und das ist in Afghanistan absolut nicht möglich" (Interview Neunteufl 2016).

Generell stellt die Sicherheitslage für die polizeilichen Einsatzkräfte das größte Problem dar.[14] Die Sicherheit der Missionsangehörigen ist ein zentraler Faktor für die Entscheidung, ob Personal entsendet werden kann:

„Polizei ist eine zivile Verwaltungskomponente. […] Dieses zivile Instrument bedarf eines Mindestmaßes an Befriedung vor Ort. D. h. erst nach dem Ende von Kampfhandlungen und unter Umständen militärisch gewährleisteter Sicherheit kann Polizei beginnen, beim Aufbau ziviler Strukturen zu helfen. Polizei ist nicht geeignet, in akuten militärischen Konfliktsituationen eingesetzt zu werden. Dazu sind wir nicht ausgebildet und nicht ausgerüstet. Der Auftrag der Polizei ist Gefahrenabwehr und Strafverfolgung. Polizei kann insofern aus meiner Sicht nie Ersatz für militärische Mittel der Konfliktbewältigung sein" (Interview Russ 2016).

Dies spiegelt sich auch in den Kriterien der Bundesregierung für die Beteiligung Deutschlands an internationalen Polizeimissionen wider. So beinhaltet eines der Kriterien „die Vertretbarkeit des Risikos unter Berücksichtigung der Sicherheitslage im Krisen-

---

14 Diese Problematik wurde von allen Befragten angesprochen; vgl. Interviews Bierschenk (2015), Frevel (2015), Haynes (2016), Neunteufl (2016), Radek (2016), Russ (2016), Voelker und Pijers (2015) und Walter (2016).

gebiet"¹⁵ (vgl. auch Lehmann 2013, S. 71). Darüber hinaus wird übereinstimmend konstatiert, dass Polizeimissionen wie in Afghanistan auf den Schutz des Militärs angewiesen sind, um sich im Einsatzgebiet bewegen zu können:

> „Sie brauchen die Militärs, um sich in Missionsgebieten bewegen zu können. Das sind häufig Krisengebiete, wo Sie eine zerstörte Infrastruktur haben, wo Sie häufig mit dem Fahrzeugpark, den die Polizei hat, gar nicht weiterkommen. Da brauchen Sie gepanzerte Fahrzeuge, um gegen Minen geschützt zu sein, […] [Das Militär] ist wie ein großer Bruder, der es Ihnen möglich macht, dass Sie über den Schulhof gehen können. Sie brauchen ihn, weil er eben über Lufttransportmöglichkeiten verfügt, weil er gepanzerte Fahrzeuge hat und weil er in einem viel größeren Stil die Dinge planen kann" (Interview Radek 2016).

Das ist regional zu differenzieren und erweist beziehungsweise erwies sich in Kabul als sehr viel einfacher als in den Provinzen. Während sich EUPOL lange Zeit innerhalb der afghanischen Hauptstadt relativ frei und ohne militärischen Schutz hatte bewegen können, musste sie, als ISAF ihre Militärbasen aus den Provinzen abgezogen hat, auch ihre Mission dort beenden (vgl. Interview Voelker und Pijers 2015). Aber auch in Kabul spitzte sich die Lage zu:

> „So, when the mission first started, before I was here, then they could move freely in Kabul without any threat, but obviously now

---

15 Im Einzelnen führt die Bundesregierung sieben Kriterien an: des Weiteren eine außen- und sicherheitspolitische Interessenanalyse, die Verfügbarkeit von Fähigkeiten und finanziellen Ressourcen, internationale Rahmenbedingungen, die humanitäre und menschenrechtliche Lage vor Ort, das Vorhandensein einer Exit-Strategie sowie eines erreichbaren Mandats; vgl. Deutscher Bundestag, Drucksache 16/8476 vom 11. März 2008, S. 6. http://dipbt.bundestag.de/dip21/btd/16/084/1608476.pdf. Zugegriffen: 15. April 2016.

we have to be protected, we have to be very careful, we have to go with close-protection teams" (Interview Haynes 2016).

Diese Aussagen fügen sich in die Ergebnisse der empirischen Studie von Thorsten Stodiek (2004) ein. Seine Analysen der Missionen in Ostslawonien (UNTAES), in Bosnien-Herzegowina (UNMIBH), im Kosovo (UNMIK) und in Osttimor (UNTAET) kommen gleichfalls zu dem Schluss, dass eine internationale Polizei in der Phase der Hochspannung eines Konflikts[16] auf die Unterstützung des Militärs angewiesen ist.

Als weitere Hindernisse der EUPOL-Mission galten die internen Strukturen der EU, das heißt die zeitlich sehr intensiven konsensualen Entscheidungsprozesse im Bereich der GSVP wie auch in den Missionsabläufen selbst, die es häufig schwierig machten, „überhaupt Ziele zu erreichen" (Interview Neunteufl 2016). Aber auch die im Vergleich zum Militär weitaus geringeren finanziellen, logistischen und insbesondere auch personellen Ressourcen von EUPOL spielten eine nicht unerhebliche Rolle.

Welche Erfolgsbilanz konnten und können internationale Polizeimissionen in Afghanistan aufweisen? Während sich Philipp Haynes, damaliger Leiter der *Ministry of Interior Reform Component* von EUPOL, optimistisch zeigte:

"We are still trying to achieve an effective and trusted civilian police service and improving the rule of law and professionalization" (Interview Haynes 2016),

zeichnet der *Rule of Law*-Index 2019 dagegen ein anderes Bild: Von 126 im Index aufgenommenen Staaten befindet sich Afghanistan in

---

16 Thorsten Stodiek (2004, S. 111ff.) unterscheidet nach dem CPN Guidebook (Lund und Mehler 1999) vier Konfliktphasen: stabiler Frieden, instabiler Frieden, Hochspannung und offener Konflikt.

der Gesamtwertung auf Platz 123. Werden die einzelnen Faktoren des Indexes – Gewaltenteilung, Abwesenheit von Korruption, offene Regierung (Informationspflicht, Transparenz), Schutz der Grundrechte, Ordnung und Sicherheit, regulative Durchsetzungskraft sowie Zivil- und Strafjustiz – in den Blick genommen, so nimmt Afghanistan im Ranking im Sicherheitsbereich den letzten Platz ein und gilt darüber hinaus auch als eines der korruptesten Länder weltweit (vgl. World Justice Project 2019). Vor diesem Hintergrund ergibt sich auch bei den hier betrachteten Polizeimissionen ein eher gemischtes Bild (vgl. Abbildung 2).

Stärken	Schwächen
• nachhaltiger Beitrag zum *Statebuilding* und zur Reform des Sicherheitssektors • Expertise im Aufbau einer bürgernahen Polizei • prinzipieller Ansatz: enger Kontakt zur lokalen Bevölkerung • problemorientierter Zugang (Identifikation von Ursachen, Finden von Lösungen) • öffentliche Wahrnehmung als zivile Mission	• Ziel der Förderung von Rechtsstaatlichkeit und des Aufbaus einer zivilen und rechtsstaatlichen Polizei wurde nicht erreicht • abhängig von der Sicherheitslage vor Ort und ggf. vom Schutz durch das Militär • kein Kontakt zur Bevölkerung angesichts der angespannten Sicherheitslage • zeitintensive Entscheidungs- und Koordinierungsprozesse (EU, Mission) • unterschiedliche Polizeikulturen • geringe Ressourcen

Abb. 2 Stärken-Schwächen-Profil polizeilicher Einsatzkräfte
Quelle: Eigene Darstellung

Damit die Stärken, die polizeiliche Einsatzkräfte mitbringen, zum Tragen kommen können, bedarf es letztlich einer umfassenden politischen Strategie. Das mahnen auch die Herausgeberinnen und Herausgeber des Friedensgutachtens 2014 an:

> „Allein auf Ausstattung, Ausbildung, Beratung und Begleitung zu setzen, wie es auch das deutsche Konzept der ‚Ertüchtigung' vorsieht, greift zu kurz. Neue, effektive und legitime Sicherheitsstrukturen verändern das Machtgefüge im Land und erfordern eine politische Strategie" (Werkner et al. 2014, S. 15f.; vgl. auch Eckhard und Rotmann 2014).

3.3 EUROGENFOR Afghanistan

Auch die paramilitärische *European Gendarmerie Force* ist seit 2009 in Afghanistan im Einsatz. Gendarmerien gelten als hybride Kräfte; sie können sowohl militärischem als auch zivilem Kommando unterstellt werden. In Afghanistan agiert die *European Gendarmerie Force* – zunächst als Teil der ISAF-Mission, seit 2015 im Rahmen von *Resolute Support* – unter dem Dach der NATO. Ziel der EUROGENFOR-Mission ist es, die afghanische Regierung beim Aufbau stabiler Sicherheitsstrukturen, konkret der *Afghan National Police* (in ihrer Gesamtheit: AUP, ANCOP und ABP)[17] zu unterstützen. Sie ist eine Beratungs- und Ausbildungsmission; sie hat keine Exekutivbefugnisse und auch kein militärisches Mandat. Die Ausbildung afghanischer Polizisten erfolgte an drei afghanischen Ausbildungszentren: in Masar-e Sharif, Herat und Wardak. Die EUROGENFOR-Mission begann 2009 mit 196 Poli-

---

17 Die *Afghan National Police* (ANP) setzt sich zusammen aus der *Afghan Uniformed Police* (AUP), der *Afghan National Civil Order Police* (ANCOP) sowie der *Afghan Border Police* (ABP), allesamt paramilitärische Einheiten.

zisten; im Mai 2011 erreichte sie ihren Höhepunkt mit 400 Kräften; gegenwärtig befinden sich 78 Missionsangehörige in Afghanistan.

Die Angehörigen der *European Gendarmerie Force* verstehen sich als Polizeikräfte mit militärischem Hintergrund („police forces with military background", Interview EUROGENFOR 2016). Ihre Stärke sehen sie in der „bridging capability" (Interview EUROGENFOR 2016); sie kombinieren polizeiliche Expertise mit der Fähigkeit, auch in unsicherem Umfeld und in Kooperation mit militärischen Einheiten operieren zu können. Sie sind polizeilich ausgebildet und befähigt, das gesamte Spektrum an polizeilichen Aufgaben wahrzunehmen; zugleich sind sie robuster als Polizisten ausgerüstet und mit Taktiken leichter militärischer Infanterie vertraut. Auf diese Weise seien sie flexibel einsetzbar und können sowohl in polizeilichen als auch in militärischen Missionen zum Einsatz kommen:

> "As a consequence, a gendarmerie element can provide an added value throughout the full spectrum of crisis, from the military phase where it can provide a first police capacity through the bridging phase where it can be the first echelon of a wider police element, to civil crisis management where it can provide the highest level of police expertise in accordance with the EU police best practices" (Interview EUROGENFOR 2016).

Auch Michiel de Weger verweist in seiner Studie zur *European Gendarmerie Force* vor dem Hintergrund der Entwicklungen der EU, deren Headline Goal 2010 bis zu 5.000 Polizisten vorsieht, auf das Potenzial dieser Einheiten und folgert:

> "More in general, one would expect that in the (near) future security conditions will allow the large numbers of military in Iraq and Afghanistan to be replaced by international police forces" (de Weger 2009, S. 25).

In gleicher Weise sieht Doron Zimmermann Gendarmeriekräfte „between maximum violence and minimum force" (Zimmermann 2005, S. 57; vgl. auch Lutterbeck 2013, S. 11). Diese Stärke gilt zugleich als Schwäche, werden Gendarmerien häufig als semi-militärische Kräfte angesehen, die zu einer Militarisierung der inneren Sicherheit beitragen (vgl. Lutterbeck 2013, S. 10). Auch wenn Gendarmeriekräfte im Inland ein breites Spektrum an polizeilichen Aufgaben wahrnehmen (vgl. de Weger 2009, S. 77f.), werden sie speziell für robuste Einsätze, zum Beispiel bei der Bekämpfung des Terrorismus, der organisierten Kriminalität oder gewalttätigen Ausschreitungen, eingesetzt (vgl. Lutterbeck 2013, S. 9f.). Das lässt sie häufig nicht als bürgernahe Polizei erscheinen. In der Gegenüberstellung der Stärken und Schwächen dieser „Third-Option Force" ergibt sich folgendes Bild:

Stärken	Schwächen
• Ermöglichung polizeilichen Agierens im unsicheren Umfeld (*bridging capability*) • Flexibilität (in zivilen, polizeilichen und militärischen Missionen einsetzbar) • zentrale Organisations- und Kommunikationsstrukturen (HQ in Vicenza) • schnell einsetzbar	• Wahrnehmung als semimilitärische Kräfte (Militarisierung der Polizei) • mangelnde Akzeptanz von EU-Staaten ohne Gendarmeriekräfte (widerspricht dem in einigen Staaten verankerten Trennungsgebot) • fehlende Wahrnehmung als bürgernahe Polizei angesichts robuster Aufgaben im Innern (Bekämpfung von Terrorismus und organisierter Kriminalität)

Abb. 3 Stärken-Schwächen-Profil der EUROGENFOR
Quelle: Eigene Darstellung

Unabhängig davon, welche Position man zu Gendarmerieeinheiten bezieht, ihr Einsatz in internationalen Friedensmissionen sollte nicht unbeachtet bleiben; das gilt für die bisher vernachlässigte Forschung genauso wie für die EU-Politik in Brüssel und die friedenspolitischen Akteure.

4 Fazit: Just Policing und die Gewaltfrage

Die Betrachtung der militärischen Missionen (ISAF, *Resolute Support*), der beiden Polizeimissionen (GPPT und EUPOL) wie auch der EUROGENFOR in Afghanistan haben jeweils ambivalente, teilweise auch sehr ernüchternde Resultate hervorgebracht. Welche Konsequenzen ergeben sich aus diesen Ergebnissen für das Konzept des Just Policing? Empirisch wären drei Zugänge denkbar:

Ein erster Ansatz betont die zunehmende Bedeutung internationaler Polizei in der Konfliktbearbeitung und setzt sich für eine Stärkung dieser Komponente ein, konstatiert aber zugleich, dass Polizeikräfte im offenen Konflikt und in der Phase der Hochspannung eines Konfliktes auf die Unterstützung durch das Militär angewiesen sind (vgl. Stodiek 2004, S. 119ff., 428; auch Lehmann 2013, S. 54). In der Konsequenz könne auf das militärische Instrument nicht verzichtet werden und müsse in bestimmten Situationen polizeiliches Handeln ergänzen, wobei perspektivisch eine sukzessive Verschiebung in Richtung Polizeieinsätze angestrebt werde. Folgt man dieser Prämisse, dann wäre Just Policing weder in der Lage, in Extremsituation bedrohte Menschengruppen zu schützen, noch könnte es auf absehbare Zeit das Militär ersetzen.

Ein zweiter Ansatz sieht die Lösung in hybriden Einheiten wie die hier betrachtete *European Gendarmerie Force* (vgl. u.a. Bigo 2000; de Weger 2009). So seien – an dieser Stelle organisationssoziologisch argumentiert – die bisherigen Formen der Konfliktbearbeitung wenig geeignet, auf aktuelle Probleme zu reagieren, „da sie sich allzu stark entweder auf sehr dezentrale Ereignisse von Mikroviolenz (Polizei) oder auf Fälle höchst konzentrierter (insbesondere nuklearer) Makroviolenz (Militär) ausgerichtet haben" (Geser 1996, S. 70). Internationale Friedensmissionen seien aber eher mit einer „Mischung aus ‚typisch militärischen' und ‚typisch polizeilichen' Problemlagen konfrontiert, oft mit dem Schwerpunkt auf ‚Mesoviolenz'" (Geser 1996, S. 70). Von daher benötige man Organisationsstrukturen, die in der Lage sind, beiden Anforderungen gerecht zu werden. In diesem Falle wäre Just Policing nur möglich, wenn man Polizeikräften im Falle eines offenen Konflikts beziehungsweise in angespannter Sicherheitslage eine zumindest leichte militärische Bewaffnung – in Anlehnung an die *European Gendarmerie Force* – zugestehen würde.

Der dritte Zugang setzt beim Begriff der Polizeigewalt an. Als Zwangsgewalt „im Sinne der unparteiischen Abwehr von Gefahren für die öffentliche Sicherheit und Ordnung, zum Schutz von individuellen oder kollektiven Rechtsgütern beziehungsweise zur Durchsetzung eines für die Betroffenen verbindlichen Rechts" (Stodiek 2002, S. 40; vgl. auch Müller 1998, S. 7) zielt Polizeigewalt im internationalen Kontext auf internationale Rechtsdurchsetzung. In diesem Sinne könne Polizeigewalt auch von Streitkräften ausgeübt werden, denn es gehe nicht um bewaffnete Auseinandersetzungen zwischen (gleichrangigen) Staaten, sondern „um einen Akt der Rechtsdurchsetzung per ‚Zwangsvollstreckung' vonseiten einer ‚höherberechtigten' Instanz gegen einen Staat als Mitglied einer Organisation, der er auf der Basis der Freiwilligkeit und nach dem Prinzip des ‚pacta sund servanda' das entsprechende Recht verbindlich eingeräumt hat" (Müller 1998, S. 7f.). Diese Interpretation klingt auch in der Friedensdenkschrift der EKD an, wenn sie davon spricht, dass „eine rechtmäßige Autorisierung militärischer Zwangsmittel nur als eine Art internationaler Polizeiaktion" denkbar sei (EKD 2007, Ziff. 104). Vor diesem Hintergrund wird auch eine sukzessive Anpassung des humanitären Völkerrechts an polizeirechtliche Maßstäbe angestrebt. Just Policing würde hier eine internationale Rechtsdurchsetzung im Sinne polizeirechtlicher Normen bedeuten, unabhängig davon, um welche Einsatzkräfte es sich konkret handelt.

So normativ wünschenswert Just Policing auch ist, verweisen all diese Zugänge auf ein Ergebnis: Es gibt Situationen, in denen sich im Konfliktgeschehen internationales Militär nicht einfach durch Polizeieinheiten ersetzen lässt. Oft müssen erst die Bedingungen für die Möglichkeit einer solchen Ersetzung geschaffen werden. Letztlich ist dieser Befund aber auch Ausdruck einer generellen Schwachstelle in der Konfliktbearbeitung: Diese setzt häufig bei der Frage an, wie die internationale Gemeinschaft auf einen bewaffneten Konflikt reagieren beziehungsweise wie sie im Nachgang, in der Post-Konfliktphase, den Wiederaufbau staatlicher Strukturen gestalten sollte. Stets reagieren militärische wie auch polizeiliche Missionen auf bewaffnete Auseinandersetzungen. Das wird auch in den Interviews eindrücklich beschrieben, sowohl im militärischen Bereich:

„Die Expertise, die wir uns erarbeitet haben, im Bereich Beratung, Begleitung, Mentoring, Sicherheitsstrukturen aufbauen, damit sie handlungsfähig sind, hat bei uns immer erst dann eingesetzt, wenn die Katastrophe eingetreten ist. […] Dann müssen Sie erst einmal meistens relativ massiv reingehen, auch im Kosovo sind wir massiv reingegangen, mit Panzern sogar, haben uns Luft verschafft und haben dann angefangen, ein Sicherheitsumfeld aufzubauen. Das dauert auch erst einmal mehrere Jahre, bevor sie dann angefangen haben, in der zweiten Hälfte militärische Entwicklungsarbeit zu leisten" (Interview Sandrart 2016).

als auch im Kontext von Polizeimissionen:

„Für mich ist die Polizei speziell vor Konflikten angemessen, was leider sehr oft nicht gemacht wird, dass man bereits internationale Polizeikräfte entsendet, bevor der Konflikt ausbricht" (Interview Neunteufl 2016).

Gefordert ist ein präventiver Ansatz in der Konfliktbearbeitung. Vor einem gewaltsamen Konfliktausbruch könnten auch internationale Polizeikräfte sehr viel effektiver agieren. Zudem entginge man dem Dilemma, dass polizeiliches Handeln in einem unsicheren Umfeld auf den Schutz durch das Militär angewiesen ist. Denn in einem Punkt – und das belegen auch einhellig die Aussagen der befragten Vertreter von EUPOL sowie der deutschen Polizei – ist Thorsten Stodiek recht zu geben:

> „Bei Konfrontationen mit einem kriegsmäßig ausgerüsteten Gegner scheint jeder Versuch eines polizeirechtlichen Vorgehens mangels Effektivität zum Scheitern verurteilt zu sein. Es wäre zudem illusionär anzunehmen, in solchen Extremfällen die Tötung von Menschen mit ausreichender Wahrscheinlichkeit vermeiden zu können" (Stodiek 2004, S. 428).

Präventive Ansätze stehen allerdings vor der Herausforderung, Ressourcen aufbringen zu müssen, bevor die Politik und Öffentlichkeit davon überzeugt sind, dass diese auch notwendig sind (vgl. auch Interview Sandrart 2016).

Literatur

Bell, Arvid und Cornelius Friesendorf. 2014. *Ziel verfehlt. Die Mitverantwortung der NATO für zivile Opfer in Afghanistan*. Frankfurt a. M.: HSFK.
Bigo, Didier. 2000. When Two Become One. Internal and External Securitisation in Europe. In *International Relations Theory and the Politics of European Integration. Power, Security and Community*, hrsg. von Morten Kelstrup und Michael Williams, 171–204. London: Routledge.
Bundesministerium des Innern. 2006. Polizeiliche Aufbauhilfe in Afghanistan. http://www.bmi.bund.de/SharedDocs/Downloads/DE/Broschueren/2006/Polizeiliche_Aufbauhilfe_in_Afghanistan_Id_95041_de.pdf?__blob=publicationFile. Zugegriffen: 15. April 2016.
Conze, Werner. 1984. Sicherheit, Schutz. In *Geschichtliche Grundbegriffe. Historisches Lexikon zur politisch-sozialen Sprache in Deutschland. Bd. 5*, hrsg. von Otto Brunner, Werner Conze und Reinhart Koselleck, 831–862. Stuttgart: Klett-Cotta.
De Weger, Michiel. 2009. *The Potential of the European Gendarmerie Force*. Clingendael: Netherlands Institute of International Relations.
Eckhard, Steffen und Philipp Rotmann. 2014. Ungenutztes Potenzial: für eine politische Strategie beim Einsatz von Polizei in den Friedenseinsätzen der EU. In *Friedensgutachten 2014*, hrsg. von Ines-Jacqueline Werkner, Janet Kursawe, Margret Johannsen, Bruno Schoch und Marc von Boemcken, 114–125. Münster: LIT.
Enns, Fernando. 2013. Gerechter Frieden zwischen Interventionsverbot und Schutzgebot. Das ethische Dilemma der Gewaltanwendung. In *Menschen geschützt - gerechten Frieden verloren? Kontroversen um die internationale Schutzverantwortung in der christlichen Friedensethik*, hrsg. von Ines-Jacqueline Werkner und Dirk Rademacher, 95–109. Münster: LIT.
Evangelische Kirche in Baden (EKiBa) (Hrsg.). 2013. *„Richte unsere Füße auf den Weg des Friedens" - ein Diskussionsbeitrag aus der Evangelischen Landeskirche in Baden*. Karlsruhe: EKiBa.
Evangelische Kirche in Deutschland (EKD). 2007. *Aus Gottes Frieden leben - für gerechten Frieden sorgen. Eine Denkschrift des Rates der Evangelischen Kirche in Deutschland*. Gütersloh: Gütersloher Verlagshaus.

Friesendorf, Cornelius, Christopher Daase und Thomas Müller. 2013. Flexible Sicherheitskräfte für Auslandseinsätze. Afghanistan und die Grenzen deutscher Sicherheitspolitik. Frankfurt a. M.: HSFK.

Friesendorf, Cornelius und Jörg Krempel. 2010. *Militarisierung statt Bürgernähe: Das Missverhältnis beim Aufbau der afghanischen Polizei.* HSFK-Report Nr. 9. Frankfurt a. M.: HSFK.

Geser, Hans. 1996. Internationale Polizeiaktionen: ein neues evolutionäres Entwicklungsstadium militärischer Organisationen? In *Friedensengel im Kampfanzug? Zu Theorie und Praxis militärischer UN-Einsätze*, hrsg. von Georg-Maria Meyer, 45–74. Opladen: Westdeutscher Verlag.

Haltiner Karl. 2006. Vom Landesverteidiger zum militärischen Ordnungshüter. In *Handbuch Militär und Sozialwissenschaft*, hrsg. von Sven Bernhard Gareis und Paul Klein, 518–526. 2. Aufl. Wiesbaden: VS Verlag für Sozialwissenschaften.

Kaldor, Mary. 2000. *Neue und alte Kriege. Organisierte Gewalt im Zeitalter der Globalisierung.* Frankfurt a. M.: Suhrkamp.

Klein, Paul und Gerhard Kümmel. 2012. Zwischen Rechtserhaltung und Nicht-Rechtserhaltung: Gewalt als Wesensmerkmal militärischer Organisationen. In *Gewalt und Gewalten*, hrsg. von Torsten Meireis, 49–68. Tübingen: Mohr Siebeck.

Kümmel, Gerhard. 2012. Die Hybridisierung der Streitkräfte: Militärische Aufgaben im Wandel. In *Militärsoziologie – Eine Einführung*, hrsg. von Nina Leonhard und Ines-Jacqueline Werkner, 117–138. 2. Aufl. Wiesbaden: VS Verlag für Sozialwissenschaften.

Kursawe, Janet, Margret Johannsen, Claudia Baumgart-Ochse, Marc von Boemcken und Ines-Jacqueline Werkner. 2015. Stellungnahme der Herausgeber und Herausgeberinnen: Aktuelle Entwicklungen und Empfehlungen. In *Friedensgutachten 2015*, hrsg. von dies., 1–30. Münster: LIT.

Lehmann, Lena. 2013. *Ausbildung der Ausbilder. Die Vorbereitung der deutschen Polizei auf Auslandseinsätze am Beispiel der Afghanistan-Mission.* Frankfurt a. M.: Verlag für Polizeiwissenschaft.

Lund, Michael und Andreas Mehler. 1999. *Peace-Building & Conflict Prevention in Developing Countries: A Practical Guide* (CPN Guidebook). Brüssel.

Lutterbeck, Derek. 2013. *The Paradox of Gendarmeries: Between Expansion, Demilitarization and Dissolution.* Geneva: DCAF.

Müller, Erwin. 1998. Internationale Polizei: Prinzip und Konzept. *Sicherheit und Frieden* 16 (1): 5–18.
Münch, Philipp. 2015. *Resolute Support Light. NATO's New Mission versus the Political Economy of Afghan Security Forces*. Afghanstan Analysts Network. Discussion Paper 1/2015.
Münkler, Herfried. 2002. *Die neuen Kriege*. Reinbek bei Hamburg: Rowohlt.
Ökumenischer Rat der Kirchen (ÖRK). 2006. Gefährdete Bevölkerungsgruppen: Erklärung zur Schutzpflicht. Porte Alegre: ÖRK.
Ökumenischer Rat der Kirchen (ÖRK), Zentralausschuss. 2011. *Ein ökumenischer Aufruf zum gerechten Frieden*. Genf: ÖRK.
Reinhard, Wolfgang. 1999. *Geschichte der Staatsgewalt. Eine vergleichende Verfassungsgeschichte Europas von den Anfängen bis zur Gegenwart*. München: C. H. Beck.
Schlabach, Gerald W. 2011. „Just Policing" – die Frage nach der (De-)Legitimierung des Krieges muss nicht kirchentrennend bleiben. Lernerfahrungen aus dem mennonitisch-katholischen Dialog. *Ökumenische Rundschau* (1): 66–79.
Schmidl, Erwin A. 2011. Polizeiaufgaben im Rahmen internationaler Einsätze. In *Auslandseinsätze der Polizei: eine Studie des Bundesministeriums für Inneres*, hrsg. vom Österreichischen Bundesministerium für Inneres, 13–134. Wien: LIT.
Stodiek, Thorsten. 2002. Internationale Polizei als Alternative zur militärischen Konfliktbearbeitung. In *Internationale Polizei – Eine Alternative zur militärischen Konfliktbearbeitung*, hrsg. von Hermann Düringer und Horst Scheffler, 39–64. Frankfurt a. M.: Haag + Herchen Verlag.
Stodiek, Thorsten. 2004. *Internationale Polizei. Ein empirisch fundiertes Konzept der zivilen Konfliktbearbeitung*. Baden-Baden: Nomos.
The Asia Foundation. 2018. A Survey of the Afghan People. Afghanistan in 2018. https://asiafoundation.org/wp-content/uploads/2018/12/2018_Afghan-Survey_fullReport-12.4.18.pdf. Zugegriffen: 3. Mai 2019.
United Nations. 2010. Formed Police Units in United Nations Peacekeeping Operations. http://www.un.org/en/peacekeeping/sites/police/documents/formed_police_unit_policy_032010.pdf. Zugegriffen: 15. April 2016.
UANAMA. 2019. *Afghanistan Annual Report on Protection of Civilians in Armed Conflict: 2018*. Kabul: UNAMA.

Werkner, Ines-Jacqueline. 2011. Die Verflechtung innerer und äußerer Sicherheit. Aktuelle Tendenzen in Deutschland im Lichte europäischer Entwicklungen. *Zeitschrift für Außen- und Sicherheitspolitik* 4 (1): 65–87.

Werkner, Ines-Jacqueline. 2018. Just Policing – Eine Alternative zur militärischen Intervention? In *Just Policing. Eine Alternative zu militärischer Intervention?*, hrsg. Von A. Uta Engelmann und Ines-Jacqueline Werkner, 8–166. Karlsruhe: Evangelische Akademie Baden.

Werkner, Ines-Jacqueline, Janet Kursawe, Margret Johannsen, Bruno Schoch und Marc von Boemcken. 2014. Stellungnahme der Herausgeber und Herausgeberinnen: Aktuelle Entwicklungen und Empfehlungen. In *Friedensgutachten 2014*, hrsg. von dies., 1–30. Münster: LIT.

World Justice Project. 2019. Rule of Law Index 2019. Washington: WJP.

Zimmermann, Doron. 2005. Between Minimum Force and Maximum Violence: Combating Political Violence Movements with Third-Force Options. *Connection* 4 (1): 43–60.

Interviews

ISAF

Robert Graf, Oberstleutnant, 2009 Chef des Stabes des PRT Kunduz, 15. Februar 2016 in Frankenberg

John McColl, Generalmajor, 2001–2002 erster Befehlshaber von ISAF, 3. Dezember 2015

Davor Petek, Command Sergeant Major, 2014 NATO Training Mission – Afghanistan Unified Training Advisory Group, 16. Dezember 2015

Joe Ramsay, Chief Warrant Officer, als „Canadian National Command Element" unter der Operation Archer Roto 1 in Afghanistan und Teil der multinationalen Brigade in Kandahar/Afghanistan, 7. Dezember 2015

Jürgen-Joachim von Sandrart, Brigadegeneral, 2011 Senior Mentor des 209. Afghan National Army Corps, 6. Januar 2016 in Neubrandenburg

Resolute Support

Frank Leidenberger, Generalleutnant, Chef des Stabes von Resolute Support in Kabul/Afghanistan, 13. Dezember 2015

Peter Schneider, Oberst i. G., Senior Advisor of the Ministry of Defence in Afghanistan (2015), 28. Januar 2016 in Heringsdorf

EUPOL Afghanistan

Phillip Haynes, Head of MoI Reform Component, EUPOL Afghanistan, 17. Januar 2016

Peter Neunteufl, Advisor to the Deputy Minister of Security in Afghanistan (30.10.2013-20.12.2014), EUPOL Afghanistan, am 23. Januar 2016

Josef Voelker und Peter Pijers, European External Action Service, 16. Dezember 2015 in Brüssel

Internationale Polizeieinsätze aus deutscher Perspektive

Markus Bierschenk, Referent für Internationale Polizeimissionen im Referat B4 des Bundesministeriums des Innern und stellv. Leiter der Geschäftsstelle der Arbeitsgruppe Internationale Polizeimissionen (AG IPM), 17. Dezember 2015

Bernhard Frevel, Professor für Sozialwissenschaften an der Fachhochschule für Öffentliche Verwaltung NRW und Mitbegründer des Arbeitskreises Empirische Polizeiführung, 22. Dezember 2015

Jörg Radek, stellv. Vorsitzender der Gewerkschaft der Polizei (GdP), 11. Januar 2016

Steffen Russ, Leiter der Gruppe IK 2 des Bundeskriminalamtes, 13. Januar 2016

Ernst G. Walter, stellv. Bundesvorsitzender der DPolG Bundespolizeigewerkschaft, 12. Januar 2016

EUROGENFOR Afghanistan

EUROGENFOR, Headquarter in Vicenza/Italien, 2. Februar 2016

Just Policing aus polizeiethischer Perspektive: zwischen Heraus- und Überforderung

Werner Schiewek

> „Es führt ein stetiger Weg von der bloß sakralen oder bloß schiedsrichterlichen Beeinflussung der Blutfehde, welche die Rechts- und Sicherheitsgarantie für den Einzelnen gänzlich auf die Eideshilfe- und Rachepflicht seiner Sippegenossen legt, zu der heutigen Stellung des Polizisten […]."
> (Weber 1980, S. 561)

1 Einleitung

Das Konzept des Just Policing intendiert gegenüber der *Just War*-Kategorie die Idee eines signifikant domestizierteren Gewalteinsatzes in Konflikten. Es rekurriert auf den kategorialen Unterschied zwischen polizeilichem und militärischem Gewaltgebrauch. So kann, darf und soll die Polizei keine Kriege führen, während ein Militär im Inneren eines Staates keine polizeilichen Aufgaben im engeren Sinne übernehmen sollte (außer – auf die deutsche Situation bezogen – subsidiär im Bereich der zivilen Gefahrenabwehr, zum Beispiel bei Naturkatastrophen, in Notstandsfällen im Bereich des Objektschutzes und der Verkehrsregelung oder nicht zu vergessen: innerhalb ihrer eigenen Reihen). Während im militärischen Bereich aktuelle Entwicklungen im Kontext des Just Policing unter dem Begriff der Konstabulisierung (Verpolizeilichung) des Militärs diskutiert werden, wird eine komplementäre Entwicklung in Richtung einer Militarisierung der Polizei konstatiert und kritisch diskutiert.[1] Der vorliegende Beitrag skizziert aus polizeiethischer Perspektive die Voraussetzungen, Möglichkeiten und Grenzen polizeilichen Handelns und diskutiert vor diesem Hintergrund die Reichweite des Just Policing-Konzepts *für die Polizei*.

2 Polizeiliches Handeln und Gewalt

2.1 Voraussetzungen und Ziele

Im modernen Verständnis ist das „Polizieren" einer Gesellschaft die Ausübung des staatlichen Gewaltmonopols nach innen durch eine „Organisation mit Gewaltlizenz" (so der sprechende Titel von Herrnkind und Scheerer 2003). Für Max Weber (1980 [1921/22], S. 822) liegt in ihren Händen das staatliche „Monopol legitimer physischer Gewaltsamkeit", das sich im heutigen rechtlichen Sprachgebrauch als Befugnis oder gegebenenfalls sogar als Pflicht der Polizei zur Anwendung von physischer Gewalt oder – fachsprachlich formuliert – *unmittelbaren Zwangs* wiederfindet (vgl. u. a. § 58 PolG NRW). Insofern stellt die polizeiliche Gewaltausübung stets einen Verwaltungsakt dar (was für ein Militär möglicherweise

---

1 So ist in der deutschen Polizei im Zusammenhang terroristischer Anschläge im In- und Ausland im Bereich von Taktik und Ausrüstung eine (noch moderate, aber trotzdem zu konstatierende) Militarisierung zu beobachten. Inwiefern dies auch Auswirkungen auf polizeiliche *shared mental models* hat und ein möglicher *shift* vom *peace keeper* über den *crime fighter* hin zum *warrior* stattfindet, lässt sich derzeit noch nicht abschätzen.

befremdlich klingen mag), der sehr detaillierten rechtlichen Regelungen unterliegt, die *stets* einer juristischen *Einzelfallüberprüfung* zugänglich sind oder zumindest zugänglich sein sollten. Dies ist eine Konsequenz aus dem Umstand, dass

„mit nahezu jedem Grundrechtseingriff [...] Polizeibeamtinnen und Polizeibeamte zunächst einmal *tatbestandsmäßig* eine Straftat [verüben]. Letztendlich heißt operativer Polizeidienst nichts anderes als eine permanente Gratwanderung zwischen Recht und Unrecht" (Herrnkind 2004, S. 188, Hervorh. d. Verf.).

Oder in den Worten eines amerikanischen Polizeiethikers: „The police coerce other legally in ways that are criminal for civilians" (Perez 2009, S. 82). Insofern gleicht die erlaubte und gegebenenfalls sogar gebotene polizeiliche Gewalt auf der Ausführungsebene „phänomenologisch (nicht juristisch!) ihrem Gegenstück, der verbotenen Gewaltanwendung mit Schädigungsabsicht" (Behr 2013, S. 83). Aus diesem „Gewaltparadox" polizeilicher (und vielleicht auch militärischer) Arbeit – Gewalt anzuwenden, um Gewalt zu verhindern – resultiert ein moralischer Imperativ, nämlich die Minimierung von Gewalt zu maximieren, auch und besonders im hoheitlichen Bereich. Auch wenn Erhard Denninger (1987, S. 132) konstatiert, dass die staatliche Gewalt „aktuell und potentiell ‚unwiderstehlich' sein müsse", um der staatlichen Schutzverpflichtung gerecht zu werden,[2] und es deshalb keine innenpolitische Gefahrenlage geben könne, „vor der die Polizei resignierend ‚die

---

2 Erhard Denninger (1987, S. 132) führt dazu weiter aus: „Der Staat kann vorübergehend, situativ, auf sofortige Befehlsdurchsetzung verzichten (etwa, um auf diese Weise bedrohte Rechtsgüter, das Leben einer Geisel, aussichtsreicher schützen zu können oder um in der Zwischenzeit eine ‚politische Lösung' eines Konflikts herbeizuführen), aber er muß beim Bürger die Überzeugung aufrechterhalten, daß er auf längere Sicht stets den längeren Atem und Arm hat, daß er zu wirksamem

Waffen strecken' dürfte" (Denninger 2012, S. 243 Ziff. 139), behält der genannte Imperativ seine Gültigkeit. Denn gerade in diesem Zusammenhang ist an das warnende Votum von Thomas Hobbes (1994 [1642], S. 139) zu erinnern: „Denn der, welcher Macht genug hat, alle zu beschützen, hat auch Macht, alle zu unterdrücken." Hobbes benennt damit eine weitere Seite des Gewaltparadoxes.

Der Blick auf diese potenzielle Gewaltausübung der Polizei nimmt ihre *differentia specifia* zu anderen staatlichen Verwaltungen in den Blick, wobei zu beachten ist, dass die unmittelbare Ausübung physischer Gewalt zwar *qualitativ* für die polizeiliche Arbeit von hoher Bedeutung ist, aber *quantitativ* doch relativ selten vorkommt. Diese Diskrepanz wird vom amerikanischen Polizeiforscher Egon Bittner (1990) sehr anschaulich mit der Bedeutung des Altarsakraments für katholische Priester verglichen, das für den Priester zwar zentral und nicht delegierbar sei, aber im Vergleich zu anderen priesterlichen Tätigkeiten ebenfalls relativ selten vorkomme (vgl. Manning 2013, S. 58). Die Statistiken der *schwersten* polizeilichen Eingriffe in die körperliche Unversehrtheit von Personen, nämlich der polizeiliche Schusswaffengebrauch gegen Personen, weisen dementsprechend deutschlandweit über Jahrzehnte erfreulich geringe Werte auf (vgl. die unter Clemens Lorei gepflegte Webseite www.schusswaffengebrauch.de). Auch darin spiegelt sich der spezifische polizeiliche Umgang mit Gewalt wider, der primär auf die Verhinderung fremder bei gleichzeitiger Vermeidung eigener Gewaltausübung ausgerichtet ist, und, wo dies nicht möglich ist, auf eine Deeskalation der Gewaltanwendung setzt. Dies kann soweit führen, dass der Staat qua Polizei sogar Strafverfolgungsinteressen zurückstellt, um eine unverhältnismäßige Gewaltausübung zu vermeiden. In Konstellationen, bei denen erst

---

Rechtsgüterschutz in der Lage ist. Die Rechtsgehorsamspflicht des Bürgers steht und fällt mit dieser Schutzleistung."

Just Policing aus polizeiethischer Perspektive

Eingriffe in die Menschenwürde eine erfolgreiche Gefahrenabwehr ermöglichen würden, wären diese sogar kategorisch verboten. Hierin spiegelt sich ein Polizeiverständnis wider, das sich als gesellschaftlicher Selbstregulierungsmechanismus versteht, der sich in Anlehnung an die berühmte Beschreibung in der Gettysburg Address von Abraham Lincoln (vom 19. November 1863) als Form der „Regierung des Volkes durch das Volk und für das Volk" („government of the people, by the people, for the people") im Bereich der Exekutive charakterisieren ließe. Demokratische Polizeien sind insofern rechtsfundiert (Legalitätsausrichtung), unterliegen einer öffentlichen Verantwortung und Kontrolle und bedürfen eines grundsätzlichen gesellschaftlichen Vertrauens (Legitimitätsorientierung), um die gesellschaftliche Unterstützung zu erfahren, ohne die ihre Arbeit so gut wie unmöglich wäre. Insofern beruht das polizeiliche Handeln auf sehr anspruchsvollen gesellschaftlichen Voraussetzungen, die verstehen lassen, dass Polizeien in diesem Sinne historisch noch sehr junge institutionelle Schöpfungen sind, die erst seit Anfang des 19. Jahrhundert das Licht der Welt erblickt haben (ein wichtiger Meilenstein ist in diesem Zusammenhang die Gründung des *Metropolitan Police Service* in London durch Robert Peel im Jahr 1829). Eine sich daraus ergebende Konsequenz im Hinblick auf die Polizeiausbildung wird vom Kriminologen und Polizeiforscher Thomas Feltes (2006, S. 130) hervorgehoben:

> "Training which provides just tools without delivering the philosophy and understanding of one's own role as a police officer as an integral part of the community is not only useless, but extremely dangerous for society."

2.2 Grenzen

Mögliche Grenzen polizeilicher Arbeit ergeben sich aus den zuvor genannten Voraussetzungen. Die Auflösung der Trias des Polizierens „des Volkes durch das Volk und für das Volk" führt in der Regel zu einem eher herrschaftlichen Verständnis polizeilicher Arbeit (im englischsprachigen Bereich als Alternative zwischen *service* und *force* charakterisiert). Am Ende derartiger Entwicklungen stünde ein Polizeistaat, der zwar unter Umständen – bei ausreichendem Drohpotenzial und entsprechendem Ressourceneinsatz – einen erzwungenen inneren Frieden gewährleisten könnte, aber dies nur zu hohen moralischen Kosten (Delegitimierung polizeilichen Handelns, grundsätzliches Misstrauen, Verbergungs- und Verweigerungshaltung auf allen gesellschaftlichen Ebenen). Spätestens wenn das polizeiliche Gegenüber vom (Mit-)Bürger zum Feind wird, ist eine genuin polizeiliche Sichtweise und Handlungsrationalität in eine primär militärische mutiert. Denn die Polizei kennt keine Feinde, das Militär schon (vgl. Schiewek 2012). Geht der von der Polizei ausgeübten rechterhaltenden Gewalt die darin vorausgesetzte Geltung des Rechts und dessen grundsätzliche Akzeptanz auf breiter Basis verloren beziehungsweise kann dessen Akzeptanz nicht vorausgesetzt werden, dann ist polizeiliche Arbeit im oben dargestellten Sinn nicht mehr möglich. Polizei kann bestehendes Recht in aller Regel zwar erfolgreich durchsetzen, aber über rechtsherstellende Gewalt unter anomischen Verhältnissen verfügt sie nicht – hier wird sie primär ums eigene Überleben besorgt sein beziehungsweise möglicherweise darum kämpfen müssen. Dies wäre aber gleichbedeutend mit der Entscheidung, ihre polizeiliche Handlungsrationalität aufzugeben. Polizeiliches Handeln würde in solchen Zusammenhängen einen dezidiert militärischen Charakter gewinnen (*innerlich*, was Selbstverständnis und Haltung angeht – so gewinnt das Rollenmodell des Kriegers an

Attraktivität – und äußerlich, was Ausrüstung und Taktik angeht). Polizeiliches Handeln ist demzufolge auf *hinreichend befriedete* Gesellschaften angewiesen. Krieg oder kriegsähnliche Zustände zwingen der Polizei Verteidigungs- oder Angriffsszenarien auf, die mit der herkömmlichen Kategorie des polizeilichen Zugriffs nichts mehr gemein haben: Kriegslagen sind keine Polizeilagen (im Hinblick auf die grundsätzlich geringen Erfolgschancen einer Politik der Schutzverantwortung, „wenn sie gegen einen militärisch gut gerüsteten und hoch motivierten Gegner durchgeführt werden muss" vgl. Hoppe und Schlotter 2017, S. 698). Deswegen verfügen Polizistinnen und Polizisten weder über einen *Kombattantenstatus* (Angehörige des Bundesgrenzschutzes – heute Bundespolizei – hatten ihn bis 1994), noch genießen sie gegenüber der Justiz im Land ihres Wirkens *Immunität*. Darüber hinaus ist die Kategorie des *Kollateralschadens* der Polizei fremd (auch die dem am nächsten kommende Kategorie des polizeilichen Notstandes ist im Vergleich dazu äußerst restriktiv und an sehr enge Verhältnismäßigkeitsabwägungen gebunden). Schließlich besitzt die Unterscheidung zwischen *Kombattanten* und *Nichtkombattanten* keine polizeiliche Relevanz (bei beiden handelt es sich aus polizeilicher Sicht grundsätzlich um ein polizeiliches Gegenüber).

Diese wichtigen Unterschiede reichen bis in den Bereich der politischen Steuerung. Für die Polizei gibt es im Gegensatz zur Bundeswehr weder auf Bundes- noch auf Landesebene eigene Ministerien, sondern lediglich Polizeiabteilungen in den Innenministerien. Diese Zuordnung ist international gesehen natürlich variabel. So war die französische Gendarmerie seit ihrer Gründung Teil der französischen Streitkräfte. Diese Zuordnung wurde am 1. Januar 2009 durch eine zweigeteilte Zuordnung abgelöst. Seitdem werden die zivilen innerstaatlichen Aufgaben der Gendarmerie durch das Innenministerium verantwortet und geführt, während militärpolizeiliche Aufgaben im weiteren Sinne im In- und Ausland vom Verteidigungsministerium geführt werden. An dieser Zuordnung lassen sich die unterschiedlichen Ausrichtungen der Polizei (an der Innenpolitik) und des Militärs (an der Außenpolitik) ablesen.

2.3 Herausforderungen und Überforderungen

Die Charakterisierung polizeilicher Gewalt als eine besonders domestizierte Form der Anwendung legitimer Gewaltsamkeit durch den Staat gerade auch im Vergleich zur militärischen Gewalt ist ebenso nachvollziehbar wie richtig. Der Preis dafür sind allerdings anspruchsvolle Kontextbedingungen, die ein solches polizeiliches Handeln überhaupt erst ermöglichen. Die Substitution militärischer Gewalt durch polizeiliche ist zwar ebenso sinnvoll wie erstrebenswert. Aber die dafür nötigen Voraussetzungen sind aus polizeilicher Sicht hinreichend befriedete Territorien, die äußerlich in der Lage und innerlich dazu auch bereit sind, zivilgesellschaftliche Strukturen und ein staatliches Gewaltmonopol wieder (oder überhaupt erst neu) etablieren zu wollen. Ist dies nicht der Fall, dann steht polizeiliches Handeln vor unlösbaren Problemen und ist insgesamt überfordert (vgl. Wehe 2017, S. 1209f.). In diesen Zusammenhängen sind multidimensionale Missionen von großer Bedeutung, „in denen militärische, polizeiliche und andere zivile Komponenten integriert zusammenarbeiten" (Hansen und Feller 2017, S. 1164, vgl. auch S. 1168). Hier zeigt sich, dass das polizeiliche Handeln sich an ein klassisches Paradigma elterlicher Gewalt anlehnt, was neben den herrschaftlichen und früher durchaus auch mit physischer Gewalt assoziierten Elementen eben auch das Moment der Fürsorge und Zuwendung enthält. Dieses Verhältnis ließ sich anscheinend sogar erfolgreich auf ganze Gesellschaften ausweiten. In Deutschland steht dafür exemplarisch das Motto der Polizei als „Freund und Helfer", das seit seiner Einführung auf der Berliner Polizeiausstellung im Jahr 1926 eine bis heute reichende Wirkungsgeschichte hat. Eine darüber hinausgehende Ausweitung des polizeilichen Paradigmas steht jedoch noch aus: Ein europäisches ist langsam im Werden; ein weltweites zeichnet sich erst in Ansätzen ab. Die normativen Grundlagen stehen zwar dafür bereit. Zu denken ist hier an das Weltbürgerrecht in Immanuel Kants Friedensschrift von 1795 sowie an die zunehmende weltweite Akzeptanz und – noch wichtiger – die sich langsam abzeichnende Durchsetzung der Menschenrechte. Sie bilden erste umrisshafte Voraussetzungen für die Idee und Möglichkeit eines weltweiten polizeilichen Ethos und eines ihm gemäßen Handelns. Die dabei vorausgesetzten normativen Haltungen sowohl aufseiten der zu Polizierenden als auch aufseiten der in diesen Kontext eingesetzten Polizeikräfte dürften die bisher erwartbaren Möglichkeiten in der Regel noch übersteigen. Hier sind weltweite Bildungsprozesse in Anschlag zu bringen, die dringend nötig, aber nur äußerst schwer zu realisieren sein dürften.

Das Just Policing-Konzept führt in der deutschen Polizei bisher eher ein Randdasein. Außerhalb weniger, thematisch speziell ausgerichteter Tagungen scheint es kaum rezipiert zu werden (als Ausnahme – wenn auch in kritischer Diktion – sei hier auf Wehe [2017, S. 1209] verwiesen). Unabhängig davon engagiert sich zum Beispiel die deutsche Polizei seit 1989 in vielen Auslandsmissionen (aktuell mit rund 200 Beamtinnen und Beamten aus Polizei und Zoll). Die meisten dieser Missionen widmen sich der Ausbildung, dem Aufbau und der Supervision lokaler polizeilicher und weiterer administrativer Strukturen in den betreffenden Ländern. Hier geht es vor allem um die Vermittlung von polizeitypischen Kompetenzen im engeren Sinn. „Harte" exekutive Mandate werden nur selten durch deutsche und internationale Polizeien wahrgenommen.

3 Polizeiliches Handeln und Gerechtigkeit

3.1 Voraussetzungen und Ziele

Die Polizei ist eine normdurchsetzende Organisation. Ist sie auch eine dezidiert moralische? Der umfassendste normative Rahmen polizeilichen Handelns besteht de facto in einer dominierenden positivrechtlichen beziehungsweise legalistischen Ausrichtung der Polizei – mental wie konzeptionell (vor allem in Form der Polizeigesetze der Länder, des StGB, der StPO und nicht zuletzt des GG). Zwar lassen sich darüber hinaus eine Vielzahl unterschiedlicher individueller „gefühlter" Gerechtigkeitsvorstellungen in der Polizei finden, die überaus häufig mit dem Recht kurzgeschlossen werden (im Sinne: „gerecht ist das, was das Gesetz verlangt"), um Begründungs- und vor allem Anwendungsprobleme schnell und unkompliziert zu lösen. Häufig stimmen diese beiden Perspektiven – Legalität und subjektiv empfundene Gerechtigkeitsvorstellungen – überein. Bei Diskrepanzen folgen Polizistinnen und Polizisten in der Regel der Legalität, das heißt dem Recht. In seltenen Fällen können auch persönliche Gerechtigkeitsvorstellungen zu einem vom Recht abweichenden Handeln führen (vgl. Zum-Bruch 2019), das moralisch oft über eine vermutete oder auch unmittelbar erlebte kollegiale Zustimmung gerechtfertigt wird. Letzteres folgt gemäß den Stufen des moralischen Urteilsniveaus nach Lawrence Kohlberg (1995) einem konventionellen moralischen Urteilsniveau (Stufe 3). In dieser Perspektive wird das Gerechte durch kollegiale Akzeptanz legitimiert, ist also gruppenbezogen beziehungsweise in den Kategorien soziologischer Polizeiforschung der Polizistenkultur oder *Cop Culture* zuzuordnen (zur grundlegenden und wichtigen Unterscheidung zwischen Polizisten- und Polizeikultur in der Polizeiforschung vgl. Behr 2008). Die am positiven Recht orientierten Gerechtigkeitsvorstellungen der Polizei stellen aufgrund ihrer

Just Policing aus polizeiethischer Perspektive

gesellschaftlichen Perspektive auf ein gemeinsam verbindliches Recht zwar ein nach Kohlberg *höheres*, aber trotzdem noch *konventionelles* moralisches Urteilsniveau dar (Stufe 4). Postkonventionelle Gerechtigkeitskonzeptionen (gemäß der Kohlbergeschen Stufen 5 und 6) sind in der Polizei (aber auch anderswo) weitaus seltener zu finden. Insofern ist es nicht verwunderlich, dass eher abstrakte moralisch-ethische Kategorien wie zum Beispiel *Gerechtigkeit*, *Freiheit*, *Würde* und *Frieden* in der Polizei recht zurückhaltend verwendet werden. Sie erscheinen aus polizeilicher Sicht als zu groß, als zu unbestimmt und ziehen schnell den Verdacht auf sich, die eigene Arbeit und die damit assoziierten moralischen Haltungen beziehungsweise Einstellungen zu überfordern. Ihr genuiner Ort wird demgegenüber eher in akademischen Diskussionen gesehen, aber nicht in der Praxis polizeilicher Arbeit. Auch aus diesem Grund stieß eine dezidiert menschenrechtliche Perspektive, wie Sie zum Beispiel vom Europarat stark gemacht wurde (die Polizei als Verteidigerin der Menschenrechte beziehungsweise als größte Menschenrechtsorganisation)[3] in den europäischen Polizeien nur auf eine begrenzte Resonanz (eine interessante Ausnahme bildet in diesem Zusammenhang die nordirische Polizei). Eine dezidiert menschenrechtliche Orientierung polizeilicher Arbeit wird zwar derzeit in der nordrhein-westfälischen Polizeiausbildung (hier: Fachhochschule für öffentliche Verwaltung) propagiert, deren Wirkung wird aber abzuwarten sein. Gleiches gilt auch für eine dezidiert friedensethische Fundierung der polizeilichen Arbeit. Erhebliche Anstrengungen werden nötig sein, um solche friedensethischen und menschenrechtlichen Orientierungen in die verschiedenen normativen Rationalitäten polizeilicher Arbeit

---

3 Vgl. Österreichisches Bundesministerium für Inneres (2000), aktuell auch Murdoch und Roche (2013) sowie Alleweldt und Fickenscher (2018).

nachhaltig zu implementieren. Es stellt sich die Frage, welche normativen Ressourcen der Polizei in dieser Hinsicht zur Verfügung stehen und im Sinne eines Just Policing-Ansatzes sowohl lokal, aber besonders auch im Hinblick auf internationale polizeiliche Einsätze aktivierbar wären. Hier sind (1.) individuelle (tugendethische), (2.) institutionelle (organisationsethische) und (3.) gesellschaftliche normative Ressourcen in den Blick zu nehmen.

(1.) Die Bedeutung der persönlichen Einstellung und Haltung von Polizeibeamtinnen und -beamten ist sowohl für das individuelle Selbstverständnis als auch für die Organisation der Polizei lokal sowie international von zentraler Bedeutung, denn in den Worten des Kriminologen Thomas Feltes:

> "A consciousness of the importance and the value of the individual´s contribution to the overall reliability and the products, the institution (or company) ‚police' is delivering, is necessary: *The attitude and behaviour of each individual agent is crucial for the image of the whole agency. One negative incident can annihilate all positive experiences a ‚customer' had before*" (Feltes 2006, S. 128, Hervorh. d. Verf.).

Insofern wird von der einzelnen Polizistin und dem einzelnen Polizisten ein besonders hohes Maß nicht nur an persönlicher, sondern auch beruflicher Integrität erwartet. Polizisten sollen nicht in eigener Sache, aber mit ganzer Person sich für die Einhaltung und Durchsetzung von Recht und Gesetz ebenso engagiert (also unter Inkaufnahme hoher eigener Risiken) wie unparteilich (durch Orientierung an Recht und Gesetz) einsetzen. Die Anforderungen sind meist leicht formuliert, so im Hinblick auf die Arbeit europäischer Polizeien in den entsprechenden Ausführungen im „Europäischen Kodex für die Polizeiethik":

„Das Polizeipersonal muss über Unterscheidungsvermögen, geistige Offenheit, Reife, Gerechtigkeitssinn, Kommunikationsfähigkeiten und gegebenenfalls Führungs- und Organisationsfähigkeiten verfügen. Es muss zudem ein gutes Verständnis für soziale, kulturelle und gemeinschaftliche Fragen haben." (Europarat 2001, IV.B.23; vgl. dazu auch Murdoch und Roche 2013),

oder im Hinblick auf entsprechende Anforderungen auf UN-Ebene:

"A United Nations police officer must reflect the values of integrity, professionalism and respect for diversity of the United Nations in both his/her professional as well as their personal life and perform his/her duties diligently, impartially and with dignity, in a way that upholds and advances human rights norms, standards and practices." (UN 2014/2017, Pkt. 21)

Diese Anforderungen an die persönliche und berufliche Integrität der Polizistinnen und Polizisten sowie an die Arbeit der Organisation Polizei sind weltweit erfolgskritische Faktoren für eine gute und im engeren Sinne gerechte polizeiliche Arbeit. Erst wo diese Integritätsanforderungen von der Polizei glaubhaft erfüllt werden, kann aufseiten der Bevölkerung das Vertrauen in die Polizei wachsen, das zur Erfüllung ihrer Aufgaben in freiheitlich ausgerichteten Staaten notwendig ist. Aufseiten der Polizei korrespondiert damit ein ideelles Erfüllungsversprechen in Form eines individuellen, aber auch organisatorischen Selbstverständnisses im Sinne eines „Wir sind die Guten" (vgl. die „sprechenden" Titel bei Schiewek 2008 und Rutkowsky 2017). Praktisch zeigen sich sowohl innerhalb einer einzelnen nationalen Polizei als auch international größere Unterschiede im Verständnis und in der Umsetzung dieser Integritätsanforderungen (vgl. Kutnjak Ivković und Haberfeld 2015). Die damit einhergehenden Bemühungen, die *Accountability* der Polizei im Hinblick auf ihr eigenes Handeln zu erhöhen, sind weltweit unabdingbar (vgl. UN 2014/2017, Pkt. 19;

UNODC 2011). Für internationale Polizeieinsätze stellt dies eine besondere Herausforderung dar, da aufgrund der Heterogenität der eingesetzten Polizeikräfte mit ihrer je unterschiedlichen Sozialisation und den unterschiedlichen Verständnissen darüber, was eine gute Polizeiarbeit ausmacht, eine besonders große moralische Varianz und eine daraus resultierende moralische Vulnerabilität gegeben ist. Die klassischen Mechanismen, diese moralische Vulnerabilität einzuhegen – sorgfältige Personalauswahl, umfassende Ausbildung, eine aufmerksame Führung im Einsatz, eine gute Alimentierung und Ausrüstung –, sind zwar notwendige, aber keine hinreichenden Bedingungen, um die geforderte Integrität zu sichern. Das dazu notwendige gemeinsame Verständnis guter Polizeiarbeit im Sinne eines Just Policing ist bisher eher ein Leitbild beziehungsweise eine regulative Idee als eine praktisch wirksame polizeiliche Realität. Eine spezifische polizeiliche Kulturen und Polizeiverständnisse übergreifende gemeinsame normative Polizeikultur zeichnet sich zwar beim konkreten Umgang mit einzelnen polizeilichen Problemlagen ab, wo sich trotz großer kultureller Unterschiede schnell ein gemeinsames Vorgehen oder gemeinsame Lösungsansätze im unmittelbaren Handlungsfeld herstellen lassen. Die dahinterstehenden, meist sehr unterschiedlichen Motivlagen, Begründungen und Anschauungen bleiben jedoch davon unberührt, ja müssen sogar, werden sie berührt, ausgeblendet werden, um den handlungsorientierten Konsens nicht zu gefährden. Auch das erklärt den folgenden Befund von Gabriele Jacobs und Martin Kuntze (2017, S. 1122):

> „Angesichts des auf internationalen Treffen gerne beschworenen ‚gemeinsamen blauen Herzens' der Polizei weltweit ist schwer verständlich, weshalb die Kooperation denn nicht viel einfacher gelingt. Die strukturellen, politischen und kulturellen Unterschiede scheinen doch schwerer zu wiegen, als das gemeinsamkeitsstif-

tende Gefühl ‚Polizisten sind Polizisten, egal wo auf der Welt' vermuten lässt."

(2.) Welche institutionellen (organisationsethischen) normativen Ressourcen lassen sich für ein Just Policing-Konzept aktivieren? Neben den individuellen (tugendethischen) Ressourcen bilden auch die Organisation und ihre Organisationskultur eine wichtige organisationsethische Ressource für Gerechtigkeitsvorstellungen. Denn die Polizei besitzt eine

> „*starke Organisationskultur*, die als ‚implizites Bewusstsein der Organisation' fungiert und den Organisationsmitgliedern ein spezifisches und sehr prägnantes Werte- und Normensystem vermittelt." (Vera und Jablonowski 2017, S. 488)

Ihr kommt eine besondere Bedeutung zu, da es seit den berühmten Experimenten von Stanley Milgram (1982) zu den grundlegenden Einsichten der Moralpsychologie gehört, dass moralisches Verhalten neben einer gefestigten individuellen moralischen Überzeugung (die tugendethische Dimension) auch einer organisationskulturellen Unterstützung bedarf (die organisationsethische Dimension), um die Wahrscheinlichkeit eines moralisch ausgerichteten konkreten Handelns zu erhöhen. Im Hinblick auf die Polizei heißt das, dass eine Organisation, die für Gerechtigkeit einsteht, auch selbst an Gerechtigkeitskriterien gemessen wird und ihnen „gerecht" werden sollte (hier vor allem in Form der prozeduralen Gerechtigkeit, also im Hinblick auf die Fairness von Regeln und Verfahren, wie zum Beispiel im Bereich der in allen Polizeien schwierigen Fehlerkultur). Vergleichbares lässt sich auch im Hinblick auf die Bedeutung und den Umgang mit der für die Menschenrechte wichtigen Kategorie ‚Menschenwürde' konstatieren, denn eine

> „Institution wie die Polizei, die im besonderen Maße dem Grundsatz
> der Würde des Menschen verpflichtet ist, muß diese zuallererst im
> Umgang mit dem eigenen Personal praktizieren. […] Im Alltag
> des innerdienstlichen Polizei-Betriebes wird der Beweis entweder
> erbracht oder vernichtet" (Krolzig 1999, S. 102).

Als Indikator für letzteres fungiert häufig die Diskrepanz zwischen erwarteter und erbrachter Fürsorgepflicht der Polizei gegenüber ihren Mitarbeiterinnen und Mitarbeitern, sei es durch gewährte oder fehlende Rückendeckung im Fall von vermeintlichen oder wirklichen Fehlern, sei es im Hinblick auf die Betreuung nach extrem belastenden Einsätzen (wie zum Beispiel aktiven oder passiven Schusswaffengebrauch) oder sei es durch eine ausreichende oder nichtausreichende Absicherung im Fall von im Dienst erlittener Verletzungen und daraus folgender körperlicher, psychischer und materieller Beeinträchtigungen. Leider haben wir es in dieser Frage national wie international noch mit einem weitgehend wenig erforschten polizeilichem „Gelände" zu tun, so dass belastbare Angaben zu diesem Bereich kaum zu treffen sind. Im Hinblick auf die Bedeutung und die zu vermutenden Auswirkungen dieses Bereiches für die polizeiliche Arbeit stimmt dies allerdings nachdenklich. Warum wissen wir so wenig darüber? Oder anders gefragt: Warum gibt es anscheinend so wenig Bemühungen, dieses Dunkelfeld weiter aufzuhellen?

Hinsichtlich der Frage, wie gerecht oder ungerecht die Verfahren und/oder das Handeln der eigenen Organisation empfunden wird, gibt es zumindest aus dem deutschen Bereich einige Hinweise darauf, dass sich subjektiv empfundene Gerechtigkeitslücken zeigen. Das über 25 Jahre alte Votum, dass vermisste Gerechtigkeit „eine Hauptursache der Unzufriedenheit in der Polizei" sei (Schult 1994, S. 100), scheint weiterhin national (vgl. Jacobs und Christe-Zeyse 2005) wie international gültig zu sein (im Hinblick auf eine städtische Polizeibehörde in den USA vgl. Trinkner et al.

2016). Der hier unterstellte Zusammenhang von innerorganisatorischen Gerechtigkeitserleben und nach außen hin praktizierter gerechter Polizeiarbeit zeigt, dass die Entwicklung individueller moralischer Ressourcen zwar eine unabdingbare Voraussetzung gerechter Polizeiarbeit darstellt, die aber ohne entsprechende Gerechtigkeitserfahrungen in und mit der Organisation Polizei allein nur eine geringe Wirkung entfalten können.[4]

(3.) Wenn polizeiliches Wirken – wie oben geschildert – eine Funktion der Gesellschaft für die Gesellschaft darstellt, dann bedarf es neben der Integrität aufseiten der diese Funktion ausübenden Personen und Organisationen auch einer korrespondierenden normativen Haltung der Achtung und Ermöglichung aufseiten derjenigen, für die diese Funktion ausgeübt wird, das heißt für die Polizierten. Das üblicherweise in diesem Zusammenhang genannte Vertrauen der Bevölkerung in die Polizei stellt als erworbenes und erarbeitetes Vertrauen durch die Polizei eine schon nicht einfach zu erbringende polizeispezifische Leistung dar, sie reicht jedoch nicht aus, um die Zustimmung und Sinnhaftigkeit einer solchen Funktion selbst begründen zu können. Polizeiliches Handeln muss diese grundsätzliche Zustimmung vielmehr selbst schon voraussetzen, um die notwendigen Vertrauenschancen eingeräumt zu bekommen. Das bedingt:

---

4 Im Hinblick auf internationale Einsätze deutscher Polizistinnen und Polizisten scheint deren Vertretung während ihres Auslandseinsatzes, die geringe Anerkennung und nur sporadische Nutzung ihrer im Ausland gewonnenen Erfahrungen sowie die häufig nicht einfache Wiedereingliederung in den heimatlichen „Normaldienst" zu Problemen in und mit der Organisation zu führen, die von den Betroffenen häufig als wenig wertschätzend und als wechselseitig ungerecht empfunden werden (vgl. Saati und Wimelius 2018).

- *erstens* ein grundsätzliches normatives Einverständnis in die Zivilität der Konfliktaustragung in einer Gesellschaft mit einer korrespondieren Delegitimation der Anwendung physischer Gewalt aufseiten des beziehungsweise der Einzelnen (Ausnahmen hiervon sind die sogenannten „Jedermannsrechte" auf Selbstverteidigung und Nothilfe),
- *zweitens* die Einsicht und Akzeptanz der „Herrschaft des Rechts" als Hauptmodus gesellschaftlicher Konfliktlösungen und
- *drittens* die Etablierung und Unterstützung einer rechtlich gebundenen und gesellschaftlich kontrollierten Instanz für die Ausübung legitimer Gewaltsamkeit (was in vielen Staaten durch ein staatliches Gewaltmonopol realisiert wird).

Oder kurz gesagt: Eine erfolgreiche Polizeiarbeit ist nicht in der Lage, die grundlegenden Voraussetzungen ihres eigenen Wirkens aus sich selbst heraus zu schaffen, sondern bedarf basaler gesellschaftlicher Vorleistungen auf sozialer (Zivilität), staatlicher (Aufbau, Erhalt und Weiterentwicklung einer Rechtsordnung samt der dafür notwendigen Organe) und politischer Ebene (Ausübung gesellschaftlich legitimierter und rechtlich gebundener Macht zur Erreichung politischer Ziele). Dieser Zusammenhang macht deutlich, dass der Aufbau einer vertrauenswürdigen Polizeiarbeit für jede Gesellschaft sowohl eine herausfordernde wie unabschließbare Aufgabe darstellt. Das gilt erst recht für internationale Polizeieinsätze in *low-trust environements* unterschiedlichster Art (vgl. Goldsmith und Harris 2017). Die vorliegenden Erfahrungen verweisen auf die damit zusammenhängenden Probleme (vgl. Sebastián 2015), aber auch auf die Bedeutung der zuvor genannten Voraussetzungen. Veränderungsprozesse im Sicherheitssektor können grundsätzlich nur dann funktionieren, „wenn sich die lokale Gegenseite eine solche Veränderung auch wünscht" (Eckhard 2017, S. 1146).

3.2 Herausforderungen und Überforderungen

So notwendig eine moralisch-ethische Orientierung polizeilicher Arbeit national (vgl. Wagener 2019) und international (vgl. u. a. Omole 2017) ist, um ihre an den Menschenrechten und im Kern an der Menschenwürde ausgerichtete und zu messende Integrität zu gewährleisten, so anspruchsvoll gestaltet sich die konkrete Implementierung dieser Ausrichtung in professionelle Haltungen, in die operative Arbeit und die organisatorische Ausgestaltung der Polizei. Insofern ist die Umsetzung entsprechender externer normativer Vorgaben, zum Beispiel rechtlicher Art, in der Polizei ein anspruchsvoller und langwieriger Prozess, ja vielleicht sogar als eine unabschließbare Aufgabe aller Polizeien weltweit zu begreifen. Die dafür zur Verfügung stehenden und mobilisierbaren individuellen, organisatorischen und gesellschaftlichen moralischen Ressourcen stehen häufig nur in einem sehr limitierten Ausmaß zur Verfügung, so dass nicht nur ein langer Atem gefordert ist, sondern auch mit Kompromissen in diesem Bereich gerechnet und mit ihnen umgegangen werden muss. Just Policing im normativen Sinne einer gerechten Polizeiarbeit dürfte deswegen empirisch in der Regel als Differenz erlebt werden, nämlich als Differenz zwischen dem erlebten „Ist" an gerechter Polizeiarbeit und dem erwarteten „Soll" derselben. Wollte man den Just Policing-Ansatz in diesen Rahmen konzeptionell einordnen, dann würde er normativ gerade die Überbrückung dieser Differenz einfordern, in seiner praktischen Anwendung aber eher den offenen Umgang mit diesen Differenzen in Polizei und Gesellschaft fordern und fördern.

Die Differenzen und die daraus folgenden praktischen Kompromisse tendieren dazu, die „Reinheit" moralisch-ethischer Intentionen zu kontaminieren und dementsprechende Absichten zu entwerten. Just Policing stellt als ein für die Polizei völlig sachgemäßes normatives Ideal eine große Herausforderung für jede

Polizei dar. An ihm sollte sich sowohl die konkrete Polizeiarbeit als auch die Entwicklung von Polizeiorganisationen lokal, national und international orientieren. Auf diesem Weg ist mit mehr oder weniger befriedigenden Erfüllungsgraden von Just Policing in und durch die Polizei zu rechnen. Wollte man Just Policing im Vollsinn des Wortes als unverzichtbare Voraussetzung polizeilicher Arbeit begreifen, würde sie derzeit eine mentale, soziale und strukturelle Überforderung konkreter polizeilicher Arbeit darstellen. Vielleicht ließe sich diese, möglicherweise sogar letztlich unaufhebbare Diskrepanz, auch begrifflich abbilden, ohne deren normativen Gehalt zu beschädigen, indem man statt von Just Policing besser von einen *justice oriented* oder *justice based policing* sprechen würde.

4 Fazit

Auf zwei Aspekte sei abschließend noch einmal hingewiesen: *Erstens* folgt Just Policing als Substitutionskonzept militärischen Handelns und militärischer Handlungslogik einer nachvollziehbaren und schlüssigen Unterscheidung von militärischem und polizeilichem Handeln. Sie ist nicht naturgegeben, sondern selbst erst das eher junge historische Ergebnis der Zivilisierung gesellschaftlicher Gewaltausübung. Im *Einzelfall* macht es tragischerweise zwar keinen Unterschied, durch militärische oder polizeiliche Gewalt ums Leben oder zu Schaden gekommen zu sein. Dennoch bestehen, was die angewandten Mittel, die zugrundliegenden Befugnisse und die geforderten Rechtfertigungen angeht, erhebliche Unterschiede. Insofern stellt die polizeiliche gegenüber der militärischen eine strukturell domestiziertere Form der Gewaltausübung dar. Aus eben diesem Grund ist sie deeskalativer als eine militärische Gewaltausübung ausgerichtet und aus ethisch-moralischen Gründen vorzugswürdiger. Trotzdem stellt auch sie ein moralisches Übel dar. Gleichzeitig ist sie auch die voraussetzungsvollere Form der Gewaltanwendung. Sie bedarf eines Mindestmaßes an äußerlich pazifizierten gesellschaftlichen Zuständen (hinsichtlich der Qualität und Quantität der in der Gesellschaft ausgeübten Gewalt) und einer hinreichend verbreiteten und hinreichend stabilen innerlichen Zustimmung sowie einer daraus folgenden Legitimation des Sinnes und Zweckes polizeilichen Wirkens. Hier ist und bleibt militärisches Handeln – leider – nicht durch polizeiliches Handeln substituierbar. Überlegungen, durch eine Militarisierung der Polizei sie auch in solchen Situationen zum Einsatz zu befähigen, würde sie ihrer spezifischen Ratio berauben und sie zu einem „Militär in Polizeiuniform" transformieren (eine bessere, an militärische Maßstäbe angepasste, passive Bewaffnung der Polizei zur Erhöhung ihrer Sicherheit wird von diesem Argument jedoch nicht tangiert). Dies würde wiederum das genuin polizeiliche Handeln nach einer hinreichenden Befriedung durch das Militär erschweren und die damit verbundenen Chancen zu einer weiteren Befriedung der Gesellschaft verringern. Das Verhältnis von militärischer zu polizeilicher Gewalt stellt sich insofern leider nicht substitutiv, sondern eher komplementär und sukzessiv dar.[5] Dieser Zusammenhang spiegelt sich im derzeitigen Stand des Einsatzes von Polizeieinheiten auf UN-Ebene wider, die nur in sehr seltenen Fällen mit einem exekutiven Mandat zur Gewaltausübung (Notwehr ausgenommen), sondern in der Regel vor allem mit anspruchsvollen Beratungs-, Unterstützungs- und *Monitoring*-Aufgaben im Bereich des *Peacekeeping* betraut sind:

> "United Nations police peacekeeping has expanded dramatically in scale and scope. Not only has it been the fastest-growing component

---

5 Ob umgekehrt militärische Einheiten polizeiliche Aufgaben übernehmen können, wird diskutiert (vgl. u. a. Hoppe und Schlotter 2017, S. 695; Hofheinz und Lienemann 2019, S. 578), erscheint allerdings nur punktuell möglich und in seiner Wirkung sehr fragil zu sein.

within United Nations peacekeeping operations, its activities have become increasingly wide-ranging and complex. This expansion was not the result of a strategic assessment or decision to take on certain roles and reject others. United Nations police peacekeeping has moved swiftly from a relatively passive role of monitoring individual host State police officers to supporting the reform and restructuring of whole police organisations. *In a few exceptional cases*, police mandates have involved substituting for inadequate or otherwise absent host State policing and other law enforcement capacity and shouldering the entire burden of maintaining law and order, whilst establishing host State police" (UN 2014/2017, Pkt. 6, Hervorh. d. Verf.).

Zweitens ist Just Policing im Sinne einer grundlegenden Gerechtigkeitsausrichtung der polizeilichen Arbeit im Bereich der Haltungen, in der taktischen und strategischen Ausrichtung polizeilichen Handelns, im innerorganisatorischen Handeln und der Organisationsentwicklung sowie im Hinblick auf die Verantwortung für und gegenüber der Gesellschaft eine unaufgebbare Säule eines polizeiliches Selbstverständnisses. In rechtlich wohlgeordneten Gesellschaften, in denen menschenrechtliche und friedensethische Anliegen in positives Recht umgesetzt wurden beziehungsweise umgesetzt werden, ist allein durch eine häufig zu treffende legalistische Ausrichtung der polizeilichen Arbeit ein beachtliches Maß an „gerechter" Polizeiarbeit in moralisch-ethischer Hinsicht gesichert. Aber sowohl hier als auch in weniger rechtlich wohlgeordneten Gesellschaften bedarf es einer postkonventionellen moralischen Beurteilung der eigenen Arbeit in und durch die Polizei, deren Notwendigkeit auf immer größere Einsicht stößt, deren praktische Umsetzung aber in vielen Polizeien weiterhin eine ebenso große wie national und international bisher nur in Ansätzen gelöste Aufgabe darstellt. Insofern sind wir auf dem von Max Weber beschriebenen Weg in der Tat schon ein gutes

Stück vorangeschritten, aber ein Ende dieses Weges ist aus den beschriebenen Gründen noch nicht in Sicht.

Literatur

Alleweldt, Ralf und Guido Fickenscher (Hrsg.). 2018. *The Police and International Human Rights Law.* Cham: Springer International Publishing.
Behr, Rafael. 2008. *Cop Culture. Der Alltag des Gewaltmonopols – Männlichkeit, Handlungsmuster und Kultur in der Polizei.* 2. Aufl. Wiesbaden: VS Verlag für Sozialwissenschaften.
Behr, Rafael. 2013. Polizei. Kultur. Gewalt. Die Bedeutung von Organisationskultur für den Gewaltdiskurs und die Menschenrechtsfrage in der Polizei. *SIAK-Journal* 10 (1): 81–93.
Bittner, Egon. 1990. *Aspects of Police Work.* Boston: Northeastern University Press.
Bundesministerium für Inneres (Österreich), Gemeinsame informelle Arbeitsgruppe über Polizei und Menschenrechte unter der Schirmherrschaft des Europarat-Programms „Polizei und Menschenrechte 1997-2000" (Hrsg.). 2000. *Polizeiarbeit in einer demokratischen Gesellschaft – Ist ihre Dienststelle ein Verteidiger der Menschenrechte?* Wien: Bundesministerium für Inneres.
Denninger, Erhard. 1987. Zehn Thesen zum Ethos der Polizeiarbeit. *Juristische Arbeitsblätter* (3): 131–133.
Denninger, Erhard. 2012. Polizeiaufgaben. In *Handbuch des Polizeirechts. Gefahrenabwehr, Strafverfolgung, Rechtsschutz*, hrsg. von Erhard Denninger und Frederik Rachor, 184–283. 5. Aufl. München: C. H. Beck.
Eckhard, Steffen. 2017. Polizeimissionen im Spannungsfeld von Krisenmanagement und Sicherheitssektorreform: Implikationen für die Praxis. In *Handbuch Polizeimanagement. Polizeipolitik – Polizeiwissenschaft – Polizeipraxis. Bd. 2*, hrsg. von Jürgen Stierle, Dieter Wehe und Helmut Siller, 1135–1157. Wiesbaden: Springer Gabler.
Europarat, Ministerkomitee. 2001. Empfehlung 10/2001 des Ministerkomitees an die Mitgliedsstaaten betreffend den Europäischen Kodex der Polizeiethik. https://rm.coe.int/CoERMPublicCommonSearch-

Services/DisplayDCTMContent?documentId=09000016804d79ed. Zugegriffen: 31. Juli 2019.
Feltes, Thomas. 2006. Immigration, Integration und Insecurity. The Role of Police Ethics und Police Training. In *Theory and Practice of Police Research in Europe. Contributions und Presentation from CEPOL Police Research & Science Conferences 2003–2005*, hrsg. von János Fehérváry, Gerhard Hanak, Veronika Hofinger und Günter Stummvoll, 124–130. Bramshill: CEPOL, European Police College.
Goldsmith, Andrew und Vandra Harris. 2017. International Policing Missions. Establisihing Trustworthy Policing in Low-trust Environments. In *Trust in International Police and Justice Cooperation*, hrsg. von Saskia Hufnagel und Carole McCartney, 51–73. Oxford: Hart Publishing.
Hansen, Annika S. und Stefan Feller. 2017. Internationale Polizeiarbeit in Friedensoperationen der Vereinten Nationen. Entwicklung, Herausforderungen und Perspektiven. In *Handbuch Polizeimanagement. Polizeipolitik – Polizeiwissenschaft – Polizeipraxis. Bd. 2*, hrsg. von Jürgen Stierle, Dieter Wehe und Helmut Siller, 1159–1188. Wiesbaden: Springer Gabler.
Herrnkind, Martin. 2004. Übergriffe und „„Whistleblowers". Betriebsunfälle in der Cop-Culture? In *Fehler und Lernkultur in der Polizei*, hrsg. von Karlhans Liebl, 175–192. Frankfurt a. M.: Verlag für Polizeiwissenschaft.
Herrnkind, Martin und Sebastian Scheerer (Hrsg.). 2003. *Die Polizei als Organisation mit Gewaltlizenz. Möglichkeiten und Grenzen der Kontrolle*. Münster: LIT.
Hobbes, Thomas. 1994 [1642]. *Über den Bürger VI,13 zit. nach Thomas Hobbes: Vom Menschen. Vom Bürger. Elemente der Philosophie II/III*, hrsg. von Günter Gawlick. 3. Aufl. Hamburg: Felix Meiner.
Hofheinz, Marco und Wolfgang Lienemann. 2019. Frieden und Pazifismus. In *Handbuch Frieden*, hrsg. von Hans J. Gießmann und Bernhard Rinke, 571–580. 2. Aufl. Wiesbaden: Springer VS.
Hoppe, Thomas und Peter Schlotter. 2017. Responsibility to Protect. Internationaler Menschenrechtsschutz und die Grenzen der Staatensouveränität. In *Handbuch Friedensethik*, hrsg. von Ines-Jacqueline Werkner und Klaus Ebeling, 689–701. Wiesbaden: Springer VS.
Jacobs, Gabriele und Jochen Christe-Zeyse. 2005. Wenn's nicht fair ist, klappt's auch nicht. Gerechtigkeitspsychologische Überlegungen zur Stimmungslage in der deutschen Polizei. *Die Polizei* 96 (4): 99–103.

Jacobs, Gabriele und Martin Kuntze. 2017. Internationale Polizeikooperationen. In *Handbuch Polizeimanagement. Polizeipolitik – Polizeiwissenschaft – Polizeipraxis. Bd. 2*, hrsg. von Jürgen Stierle, Dieter Wehe und Helmut Siller, 1113–1134. Wiesbaden: Springer Gabler.

Kohlberg, Lawrence. 1995. *Die Psychologie der Moralentwicklung*. Frankfurt a. M.: Suhrkamp.

Krolzig, Martin (Hrsg.). 1999. *Wenn Polizisten töten – und andere posttraumatische Stressreaktionen. Ein Werkstattbericht aus dem Umkreis einer Selbsthilfegruppe*. 2. Aufl. Meerbusch: Theomail.

Kutnjak Ivković, Janja und Maria R. Haberfeld. 2015. A Comparative Perspective on Police Integrity. Studies from Established Democracies and Countries in Transition. In *Measuring Police Integrity Across the World*, hrsg. von Janja Kutnjak Ivković und Maria R. Haberfeld, 329–368. New York, NY: Springer.

Manning, Peter K. 2013. The Work of Egon Bittner. *Ethnographic Studies* (13): 51–66.

Milgram, Stanley. 1982. *Das Milgram-Experiment. Zur Gehorsamsbereitschaft gegenüber Autorität*. Reinbek bei Hamburg: Rowohlt.

Murdoch, Jim und Ralph Roche (Hrsg.). 2013. *The European Convention on Human Rights and Policing. A Handbook for Police Officers and other Law Enforcement Officials*. Straßburg: Council of Europe Publishing.

Omole, Charles. 2017. *Police Ethics and Professional Conduct. A Concise Best Practice Guide for Police Officers in African Societies*. London: Winning Faith.

Perez, Douglas W. 2009. *Paradoxes of Police Work*. Clifton Park, NY: Delmar/Cengage Learning.

Rutkowsky, Frank. 2017. *Wir sind die Guten! Ethik für die Polizei. Eine Einführung*. Schwarzenbek: Frank Rutkowsky (Selbstverlag).

Saati, Abrak und Malin Eklund Wimelius. 2018. Building Peace Abroad and Coming Back Home. Experiences of Swedish Police Officers. *Policing and Society* 28 (9): 1050–1064.

Sebastián, Sofía. 2015. *The Role of Police in UN Peace Operations. Filling the Gap in the Protection of Civilians from Physical Violence*. Washington, D.C.: Stimson Senter.

Schiewek, Werner. 2008. „Wir sind die Guten". Die moralische Infrastruktur polizeilicher Arbeit und das Projekt der Entwicklung einer gemeinsamen Polizeiethik in Europa. In *Einflüsse von Globalisierung und Europäisierung auf die Polizei*, hrsg. von Bernhard Frevel und

Hans-Joachim Asmus, 68–91. Frankfurt a. M.: Verlag für Polizeiwissenschaft.

Schiewek, Werner. 2012. Hat die Polizei „Feinde"? Die „Freund-Feind-Unterscheidung" und die polizeiliche Arbeit. In *Gewalt und Gewalten. Zur Ausübung, Legitimität und Ambivalenz rechtserhaltender Gewalt*, hrsg. von Torsten Meireis, 91–111. Tübingen: Mohr Siebeck.

Schult, Horst. 1994. „Rechte sind das Ergebnis von Pflichten; Pflichten sind die Rechte anderer auf uns." *Die Polizei* 85 (3): 95–101.

Trinkner, Rick, Tom R. Tyler und Phillip Atiba Goff. 2016. Justice From Within. The Relations Between a Procedurally Just Organizational Climate and Police Organizational Efficiency, Endorsement of Democratic Policing, and Officer Well-Being. *Psychology, Public Policy, and Law* 22 (2): 158–172.

United Nations (UN), Department of Peacekeeping Operations. 2014/2017. United Nations Police in Peacekeeping Operations and Special Political Missions. https://mha.gov.in/sites/default/files/2014_01_PolicyonPoliceinUnitedNationsPKOs_13082018.pdf. Zugegriffen: 29. Juli 2019.

United Nations Office on Drugs and Crime (UNODC). 2011. *Handbook on Police Accountability, Oversight and Integrity. Criminal Justice Handbook Series*. New York: United Nations.

Vera, Antonio und Lara Jablonowski. 2017. Organisationskultur der Polizei. In *Handbuch Polizeimanagement. Polizeipolitik – Polizeiwissenschaft – Polizeipraxis*. Bd. 1, hrsg. von Jürgen Stierle, Dieter Wehe und Helmut Siller, 475–491. Wiesbaden: Springer Gabler.

Wagener, Ulrike. 2019. *Polizeiliche Berufsethik. Ein Studienbuch*. 2. Aufl. Hilden: Verlag Deutsche Polizeiliteratur.

Weber, Max 1980 [1921/22]. *Wirtschaft und Gesellschaft. Grundriss der verstehenden Soziologie*. 5. Aufl., Studienausgabe. Tübingen: J. C. B. Mohr (Paul Siebeck).

Wehe, Dieter. 2017. Die Beteiligung der Bundesrepublik Deutschland an internationalen Polizeimissionen. In *Handbuch Polizeimanagement. Polizeipolitik – Polizeiwissenschaft – Polizeipraxis*. Bd. 2, hrsg. von Jürgen Stierle, Dieter Wehe und Helmut Siller, 1205–1233. Wiesbaden: Springer Gabler.

Zum-Bruch, Elena Isabel. 2019. *Polizeiliche pro-organisationale Devianz. Eine Typologie*. Wiesbaden: Springer VS.

Just Policing – eine Replik aus (militär-)soziologischer Sicht

Nina Leonhard

1   Einleitung

Das Konzept des Just Policing geht auf einen friedensethischen Dialog zwischen Mennoniten und Katholiken um die Jahrtausendwende zurück und wurde im Verlauf der 2000er Jahre weiterentwickelt (vgl. die Einleitung von Ines-Jacqueline Werkner in diesem Band). Es entstand somit in einer Phase, in der einerseits die Idee der Schutzverantwortung (*Responsibility to Protect*, R2P) in der internationalen Politik und im Völkerrecht institutionalisiert wurde, andererseits die Euphorie über die neuen Formen des Einsatzes von Streitkräften, die gemeinhin mit Schlagworten wie *Peacekeeping*, *Statebuilding* beziehungsweise *Nationbuilding* umschrieben werden, verflogen war und sich in der Folge die Kritik an internationalen Militäreinsätzen wie in Afghanistan und im Irak verschärfte. So gut sich die Einwände gegen derartige Missionen angesichts damit verbundener negativer Folgen für die Zivilbevölkerung (sogenannte Kollateralschäden; vgl. hierzu Gillner und Stümke 2014) nachvollziehen lassen, scheint der Just Policing-Ansatz nur bedingt anschlussfähig an sozialwissenschaftliche Debatten über staatliche

Gewalt und internationale Militäreinsätze zu sein. Im Folgenden beleuchte ich zunächst anhand von zwei Beispielen entsprechende Diskrepanzen der jeweiligen Perspektiven (Abschnitt 2), bevor ich am Beispiel des Afghanistaneinsatzes der Bundeswehr einige zentrale Probleme internationaler Militärmissionen aufzeige, wie sie sich anhand der vorliegenden empirischen Forschungsergebnisse herauskristallisieren (Abschnitt 3).

2 Militär = Krieg, Polizei = Frieden?

Just Policing, das als Alternative zu militärischer Gewaltanwendung gedacht ist, fußt auf einer dichotomen Unterscheidung zwischen Militär und Polizei: Das Militär, so beispielsweise Fernando Enns (2013, S. 107), stehe für den Einsatz von „Massenvernichtungswaffen" und eine Logik des „Sieg[es] über andere". Die Polizei wird hingegen mit „Gewaltdeeskalierung und -minimierung", mit „Streitschlichtung", „Kultursensibilität", „Unterstützung und Kooperation" sowie der Suche nach „gerechten win-win-Lösungen" in Verbindung gebracht, die für einen internationalen Einsatz zum Schutz von unmittelbarer Gewalt Bedrohten erforderlich seien (Enns 2013, S. 107). Zentral hierfür ist ein christlich-ethischer Standpunkt, der die Maxime der Gewaltfreiheit dezidiert in den Mittelpunkt stellt und diese unter bestimmten Umständen mit einem Einsatz von Polizeikräften, keinesfalls aber mit einem Einsatz von Streitkräften zu vereinbaren sieht.

Aus einer soziologischen Perspektive, die sich unter empirisch-analytischen Vorzeichen mit dem Verhältnis von Politik, Staat und Gewalt beschäftigt und hierbei insbesondere die Funktionsbedingungen und -modalitäten des Handelns von Streitkräften (und ihrer Angehörigen) als Institution staatlicher Gewalt im Wandel der Zeit in den Blick nimmt, erscheinen die mit dem Konzept des

Just Policing verbundenen Überlegungen aus mindestens zwei Gründen schwierig nachvollziehbar:

In der soziologischen Forschung zu Politik und Gewalt besteht erstens weitgehend Konsens, dass das staatliche Monopol auf *als legitim angesehene* Gewaltsamkeit (im Anschluss an Weber 1992 [1919], S. 5ff.) den Anspruch beinhaltet, Gefahr von außen abzuwehren sowie Verstöße gegen staatliche Normen im Inneren seitens der eigenen Bürgerinnen und Bürger zu ahnden. Wie Martin Winter (2003) aufgezeigt hat, gehen mit dieser Unterscheidung zwischen nach außen und innen gerichteter Gewaltsamkeit des Staates idealtypisch zwei Funktionen staatlicher Gewaltausübung einher: die planmäßige Zerstörung von Menschen und Objekten („zerstörende Gewalt") sowie die Wiederherstellung oder Aufrechterhaltung der staatlichen Ordnung („ordnungssichernde Gewalt") (Winter 2003, S. 520), bei der Menschen kontrolliert und sanktioniert, aber nur im Ausnahmefall physisch geschädigt oder gar getötet werden. Hierzulande hat sich diese Doppelfunktion des staatlichen Gewaltapparates seit dem 19. Jahrhundert empirisch in der Ausbildung unterschiedlicher Gewaltorganisationen wie dem Militär und der Polizei niedergeschlagen (vgl. Werkner 2017, S. 11ff., insbesondere die Übersicht auf S. 13). Diese funktionale Ausdifferenzierung ist jedoch *historisch kontingent* und damit prinzipiell wandelbar (vgl. Winter 2003, S. 525ff.). Wie sich staatliche Gewaltsamkeit in der Praxis entfaltet (und dabei dem Weber'schen Idealtypus des staatlichen Gewaltmonopols, das auf legaler Herrschaft fußt, nahekommt oder auch nicht), hängt nicht nur von den bestehenden Organisationsformationen, sondern insbesondere von den Aufgaben ab, die diesen Formationen realiter zugewiesen werden. Mitunter werden neue beziehungsweise andere organisationale Gebilde auch erst durch bestimmte Aufgaben geschaffen. Dies belegt nicht nur das drastische Beispiel des deutschen Vernichtungsfeldzugs während des Zweiten Weltkriegs, an dem neben regulären Streitkräften bekanntermaßen auch Polizeikräfte beteiligt waren, die insbesondere für die Ermordung der jüdischen Zivilbevölkerung vor Ort und damit eindeutig in zerstörender Hinsicht eingesetzt wurden (vgl. Browning 2011 [1992]; Kühl 2014). Auch der Blick auf die nach außen gerichtete Gewaltsamkeit der Bundesrepublik verdeutlicht, dass sich diese in Gestalt der Bundeswehr im Verlauf der letzten drei Jahrzehnte strukturell wie kulturell nachdrücklich verändert hat. Kurz: Die Unterscheidung zwischen zerstörendem und ordnungssicherndem Handeln kategorial entlang organisationaler Grenzen zu ziehen, wie sie zu einem bestimmten raumzeitlichen Kontext bestehen, ohne die damit verknüpften Funktionsbedingungen zu berücksichtigen, erscheint wenig zielführend, will man nachvollziehen, wie sich staatliche Gewaltsamkeit tatsächlich entfaltet und welche Folgen sie zeitigt. Aus (gewalt-)soziologischer Perspektive gilt es vielmehr herauszuarbeiten, wann und unter welchen Umständen welches Handeln in den Vordergrund tritt beziehungsweise wann und unter welchen Umständen die eine Handlungsform in die andere übergeht – sei es bei Polizeieinsätzen im Rahmen von Fußballspielen, Antiterrormaßnahmen oder Demonstrationen im Umfeld eines internationalen Wirtschaftsforums, sei es bei Militäreinsätzen im Rahmen sogenannter Stabilisierungsmissionen unter UN-, EU- oder NATO-Mandat.

Die mit dem Konzept des Just Policing verbundene dichotome Kategorisierung von Militär und Polizei muss – zweitens – auch aus einer speziell das Militär in den Blick nehmenden Forschungsperspektive erstaunen, da diese gewissermaßen quer zu dem steht, was in der deutschen wie internationalen Militärsoziologie in den 1990er und 2000er Jahren vor dem Hintergrund internationaler Militärmissionen diskutiert wurde (und bis heute diskutiert wird): die „Hybridisierung" (Kümmel 2012) beziehungsweise „Konstabulisierung" (Haltiner 2001) westlicher Streitkräfte vor dem Hintergrund "neuer Kriege" (Kaldor 2000; Münkler 2002) beziehungsweise im Kontext des "New Western Way of War" (Shaw 2005), wodurch das Militär "postmodern" (Moskos 2000) beziehungsweise zum "Politär" (Vogt 1992) und die Soldatinnen und Soldaten zu "multikulturellen Sozialarbeitern mit Spezialbewaffnung" (Bredow 2001) würden. Der im Rahmen dieser Debatte für die Angehörigen westlicher Streitkräfte aufgestellte Aufgabenkatalog entspricht dabei in weiten Teilen den Merkmalen, die etwa bei Enns unter "Just Policing" fallen; die dort dem Militär zugeschriebenen Merkmale passen dagegen eher zur Funktionsweise von Streitkräften, wie sie in der militärsoziologischen Debatte etwa von Moskos (2000) als charakteristisch für die Zeit vor 1989 (und damit für die Zeit der beiden Weltkriege sowie die Phase des Kalten Krieges) oder von Biehl (2008) als typisch für "Verteidigungsarmeen" (im Gegensatz zu "Interventionsarmeen") klassifiziert werden. Dass derartige sozialwissenschaftliche Diagnosen Systematisierungsversuche realer Entwicklungen widerspiegeln, lässt sich am Beispiel der von Enns erwähnten "Kultursensibilität" pars pro toto veranschaulichen: Als Fähigkeit verstanden, fremde Wertorientierungen und Verhaltensweisen vor dem Hintergrund des eigenen soziokulturellen Standpunktes wahrzunehmen und zu reflektieren, wurde diese unter dem Begriff "Interkulturelle Kompetenz" innerhalb der Bundeswehr spätestens seit Beginn des Afghanistaneinsatzes 2001 stark propagiert und seitdem sowohl im Rahmen der soldatischen Ausbildung als auch in Form spezieller Einrichtungen institutionell verankert (vgl. Tomforde 2009; Langer 2012). "Kultursensibilität" gehört also formal zum gegenwärtigen Anforderungsprofil deutscher Soldatinnen und Soldaten dazu.

Die empirische Beobachtung, dass (westliche) Streitkräfte heutzutage jenseits der eigenen Staats- beziehungsweise Bündnisgrenzen nicht nur oder nicht vornehmlich zur Erringung eines "Sieg[es] über andere" eingesetzt werden, sondern auch mit ordnungssichernden Aufgaben betreut werden, die an ‚klassische' Polizeitätigkeit erinnern, sagt allerdings noch nichts darüber aus, wie gut sie diese Aufgaben bewältigen. Ines-Jacqueline Werkner behandelt in ihrem Beitrag (in diesem Band) auf der Grundlage einer empirischen Befragung von Militär-, Polizei- sowie Gendarmerieangehörigen, die auf unterschiedliche Art in Afghanistan eingesetzt waren, die Stärken und Schwächen, die mit dem jeweiligen Mandat, den Organisationsstrukturen sowie der entsprechenden Ausrüstung verbunden sind. Sie greift damit nicht zuletzt die Thesen zu den Möglichkeiten und Grenzen einer „Verpolizeilichung" des Militärs auf, wie sie bereits in den 1990er Jahren von Hans Geser (1996) und darauf aufbauend von Karl Haltiner (2001) aus organisationssoziologischer Sicht formuliert wurden, und unterzieht diese einer empirischen Überprüfung (vgl. hierzu auch Werkner 2018).

Anstelle hier die entsprechenden Argumente zu wiederholen, möchte ich die Herausforderungen, die sich für Militärorganisationen in internationalen Stabilisierungsmissionen stellen, aus einer nochmals anderen Perspektive beleuchten, nämlich mit Blick auf die konkrete militärische Praxis und die Implikationen, die in identitäts- wie professionsbezogener Hinsicht damit einhergehen.

3 Herausforderungen internationaler Militärmissionen: Das Beispiel der Bundeswehr in Afghanistan

Die Forschung zu den Auslandseinsätzen der Bundeswehr und den Herausforderungen, die sich damit für die Streitkräfte und ihre Angehörigen ergeben, hat sich lange Zeit auf Einstellungen und Befindlichkeiten der Soldatinnen und Soldaten auf der Basis von Umfragedaten konzentriert (vgl. Biehl und Keller 2009; für den Afghanistaneinsatz zuletzt Seiffert und Heß 2019). Inzwischen liegen darüber hinaus Forschungsergebnisse zum Einsatz der Bundeswehr in Afghanistan vor, die darüber hinaus Einblicke in das militärische Handeln vor Ort geben. Ausgehend von der umfangreichen Studie von Philipp Münch (2015), der sich für seine Analyse des ISAF-Einsatzes sowohl auf die Auswertung von Primär- sowie Sekundärquellen als auch auf Interviews mit beteiligten Akteuren und auf eigene Beobachtungen vor Ort stützt, möchte ich im Weiteren zentrale Merkmale der militärischen Handlungslogik in internationalen Einsätzen diskutieren (Abschnitt 3.1) sowie im Speziellen auf die Gewaltpraxis der Bundeswehr (Abschnitt 3.2) eingehen.

3.1 Militärische Handlungslogik in internationalen Interventionen

Ausgangspunkt der Arbeit von Münch (2015, Kap. V) und zugleich die erste zentrale Erkenntnis seiner Untersuchung ist die Feststellung einer fehlenden übergeordneten politischen Zielsetzung des internationalen Einsatzes in Afghanistan, die auch schon andere vor ihm (besonders pointiert Naumann 2008) kritisiert haben. Münch belässt es jedoch nicht bei dieser Feststellung, sondern erklärt dies mit den unterschiedlichen Interessen der daran beteiligten internationalen Akteure, darunter auch der Bundesregierung: Für diese seien eher bündnis- sowie innenpolitische Erwägungen als die konkrete Situation in Afghanistan von entscheidender Relevanz gewesen. Angesichts einer fehlenden, mit überprüfbaren Zielen verbundenen Strategie auf der politischen Ebene seien Entscheidungen über das Vorgehen der ISAF-Kräfte auf lokaler Ebene daher im Wesentlichen von den hierfür verantwortlichen Militärs getroffen worden. Mangels anderer Vorgaben orientierten sich diese, so Münch weiter, allerdings vornehmlich an den vorhandenen und ihnen bekannten Instrumenten und Verfahren, die oftmals auf diese Weise selbst „zu Zwecken und Zielen" wurden (Münch 2015, S. 183; vgl. hierzu etwa das auf S. 277f. genannte Beispiel der Patrouillen).

Zweitens arbeitet Münch heraus, dass die Bundeswehr wie die anderen westlichen Streitkräfte – trotz aller Bemühungen um ein kultursensibles Auftreten vor allem in der ersten Phase des Einsatzes (vgl. hierzu die von Tomforde 2009 aufgezeigten Dilemmata) – aufgrund fehlender fundierter Kenntnisse über die gesellschaftlichen Verhältnisse in Afghanistan ihr Handeln an Ideen und Idealen ausrichtete, die aus dem Heimatland geläufig und vertraut sind. Münch illustriert dies einerseits mit der Konzentration der Bundeswehr auf staatliche Amtsträger oder der Zentralregierung in Kabul vermeintlich nahestehende Akteure. Dies spiegele ein „legal-rationales Staatsideal" (Münch 2015, S. 321) wider, das auf die Situation in Deutschland passe, aber kaum mit den Macht- und Herrschaftsverhältnissen vor Ort übereinstimmte. Erst nach und nach, durch die Konfrontation mit zunehmenden Angriffen auf die eigenen Truppen, sei diese Herangehensweise revidiert beziehungsweise angepasst worden (zu diesem Wandel siehe auch die weitgehend deskriptive Darstellung bei Chiari 2013, S. 340ff.). Die Orientierung der Bundeswehr am Bekannten und Vertrauten sieht Münch andererseits in operativer Hinsicht in ebendieser Reaktion auf die gewandelte Sicherheitslage: Diese habe einen Rückgriff auf die Prämissen konventioneller Operationsführung bewirkt (vgl. hierzu auch Sangar 2014), die sich allerdings „am Gelände" und nicht etwa an den entscheidenden „Netzwerken aus sozialen Beziehungen" (Münch 2015, S. 297) der lokalen afghanischen Akteure orientierten, zumal man über jene, wie Münch (2015, Kap. VI) anhand der Arbeit des deutschen

Auslandsnachrichtenwesens darüber hinaus aufzeigt, auch kaum Informationen besaß.

Obgleich es der Bundeswehr kaum gelungen sei, durch eigene Operationen die Sicherheitslage nachhaltig zu beeinflussen, habe sie – drittens – an dieser Art des Vorgehens festgehalten. Münch erklärt dies zum einen damit, dass die Durchführung solcher Operationen anders als die in den Anfangsjahren des ISAF-Einsatzes dominierenden polizeilichen Aufgaben aus Sicht der deutschen Truppenführer eher dem entsprachen, was innerhalb der Bundeswehr (wie in den meisten anderen Militärorganisationen) symbolisch als Kernkompetenz militärischer Führung – nämlich klassische Operationsführung – gelte und damit unter Beweis gestellt werden konnte (vgl. Münch 2015, S. 300).[1] Zum anderen hätten die verantwortlichen lokalen militärischen Führungskräfte auch deshalb daran festgehalten, um „in den Augen ihrer Vorgesetzten und sonstiger Beobachter schlicht als nicht zu passiv" zu erscheinen (Münch 2015, S. 301).

Münchs Gesamturteil zur Handlungslogik der Bundeswehr in Afghanistan – die er gleichwohl nicht als deutsche Besonderheit, sondern explizit als typisches Merkmal militärischer Interventionen westlicher Staaten in allgemeiner Hinsicht verstanden wissen will (vgl. Münch 2015, S. 324ff.) – lautet vor diesem Hintergrund: *Selbstreferenzialität*. Damit ist gemeint, dass sich die Praxis der deutschen Akteure in Afghanistan – allen voran der Bundeswehr, aber auch die der Angehörigen der anderen vertretenen Ressorts – weitgehend unabhängig von der Situation vor Ort, also der Lage

---

[1] Entsprechend stellt Chiari (2013, S. 343) fest, dass aus militärischer Sicht der „Einsatz in Kunduz [...] als ein Laboratorium für die Weiterentwicklung der Ausbildung im deutschen Heer" wirkte und „bei nun auch in immer kürzeren Zirkeln Veränderungen der technischen Mittel oder taktischen Grundsätze des Gegners ihren Niederschlag fanden."

der afghanischen Akteure und ihrer Beziehungen untereinander, entfaltete. Entscheidend, so Münch, waren stattdessen die Beziehungen zu den anderen internationalen Akteuren in Afghanistan sowie zu den politischen Entscheidungsträgerinnen und -trägern der jeweiligen Ressorts und der medialen Öffentlichkeit in Deutschland. Diesen gegenüber sei man rechenschaftspflichtig gewesen, an deren Interessen und Erwartungen habe man das eigene Handeln (zur Durchsetzung beziehungsweise Aufrechterhaltung eigener Interessen und Bedürfnisse) orientiert.

Folgt man dieser ernüchternden Analyse, die auf die theoretischen Überlegungen von Max Weber, Norbert Elias und insbesondere Pierre Bourdieu rekurriert (vgl. Münch 2015, S. 27ff.) und damit den Blick auf die Eigenlogik der Akteure lenkt, die sich aus dem Wechselverhältnis von expliziten wie impliziten Interessen, Vorstellungen und Idealen zusammensetzt und ihre Wirkung demnach in weiten Teilen *nicht intentional* entfaltet, geht die durch das Just Policing-Konzept aufgeworfene Frage, ob Streitkräfte in internationalen Friedensmissionen nicht besser durch Polizeikräfte ersetzt werden können beziehungsweise sollten, am Kern der von Münch aufgezeigten Problemlage vorbei. Denn dadurch würde weder das Problem einer fehlenden gemeinsamen Zielsetzung auf der Ebene der nationalen wie internationalen politischen Entscheidungsträgerinnen und -träger behoben noch das Problem des fehlenden Verständnisses der lokal vorherrschenden Verhältnisse und der dort vorherrschenden Gesetzmäßigkeiten gelöst. Gerade Letzteres wird durch den naheliegenden und damit fast unvermeidbaren Rückgriff auf das aus dem Heimatland beziehungsweise aus eigenen (Ausbildungs-)Erfahrungen Bekannte und Vertraute nochmals verschärft.

Bleibt das von den Kritikern militärischer Einsätze aufgeworfene Gewaltproblem und damit die Frage nach der gewalteskalierenden oder -deeskalierenden Funktion von Streitkräften. Auch hierfür ist der Blick auf die für den Afghanistaneinsatz der Bundeswehr herausgearbeiteten Forschungsergebnisse aufschlussreich.

3.2 Die Gewaltpraxis der Bundeswehr in Afghanistan und ihre Implikationen

Anhand der Forschungsliteratur über den Afghanistaneinsatz der Bundeswehr (vgl. u. a. Chiari 2013, 2014; Naumann 2013; Sangar 2014; Münch 2015) lässt sich gut rekonstruieren, dass und wie sich die ursprünglich als Stabilisierungseinsatz mit zivil-militärischer Ausrichtung und damit als „ordnungssichernde Gewalt" angelegte Mission im Laufe der Zeit in einen Kampfeinsatz wandelte, der dann auch „zerstörende Gewalt" beinhaltete. Entsprechend gilt der Afghanistaneinsatz aus Sicht der politischen Öffentlichkeit in Deutschland häufig als ein Fallbeispiel für die Eskalation militärischer Gewalt. Sinnbild hierfür ist die auf Befehl eines deutschen Oberst erfolgte Bombardierung von zwei entführten Tanklastzügen in der Nähe des Bundeswehr-Feldlagers bei Kunduz im September 2009, bei der mehrere Dutzend Menschen, darunter auch Kinder, verletzt und getötet wurden (vgl. Deutscher Bundestag 2011; Kolanoski 2015; Scheffer 2018). Zentraler Bezugspunkt dieses Eskalationsprozesses aus binnenmilitärischer Sicht ist hingegen das sogenannte Karfreitagsgefecht vom April 2010 bei Isa Khel, bei dem drei deutsche Soldaten getötet und acht verwundet wurden und das die Truppe als das Gefecht mit den bislang höchsten Verlusten erinnert (vgl. Helmecke 2018). Schon diese unterschiedlichen Referenzpunkte spiegeln die unterschiedlichen Relevanzstrukturen wider, die die zivil-militärischen Beziehungen hierzulande kennzeichnen und in denen sich nicht zuletzt die „Paradoxie des staatlichen Gewaltmonopols" (Apelt 2009, S. 145ff.) widerspiegelt, nämlich Gewalt vorzubereiten und anzuwenden, um Gewalt anderer zu verhindern oder zu beenden und so für Gewaltfreiheit zu sorgen. Mit Blick auf die Frage nach den Umständen und Folgen der zu beobachteten Gewalteskalation erscheinen zwei Aspekte als besonders relevant: Folgt man noch einmal der Analyse von Philipp Münch (2015) mit der bereits erläuterten Fokussierung auf die Eigenlogik der Akteure, die sich im gegenseitigem Wechselspiel von expliziten wie impliziten Interessen in Form konkreter Handlungen vollzieht, strebten die militärischen Akteure des ISAF-Einsatzes im Allgemeinen nach Ansehen und Einfluss unter den westlichen Verbündeten. Im speziellen Fall der Bundeswehr verweist Münch darüber hinaus auf ein stark ausgeprägtes Absicherungsdenken, das mit dem expliziten Bemühen um eine Vermeidung von (Gewalt-)Opfern nicht nur, aber vornehmlich in den eigenen Reihen einherging.[2] Opfervermeidung sei für die für die ISAF-Mission verantwortlichen Politikerinnen und Politiker von zentraler Bedeutung gewesen, um gegenüber der deutschen Öffentlichkeit das Bild eines nicht allzu kriegerischen Einsatzes in Afghanistan – Stichwort: „Verteidigung am Hindukusch" – aufrechterhalten zu können. Und da diese wiederum über die weiteren Karrierechancen der verantwortlichen militärischen Führerinnen und Führer bestimmten, sei dies auch in militärischer Hinsicht handlungsleitend gewesen. Deswegen, so Münch, war – trotz deutlicher Kritik seitens der Verbündeten (vgl. hierzu u. a. Stachelbeck 2014, S. 165ff.) und trotz der Proteste von Soldatinnen und Soldaten der unteren Führungsebenen, die vor Ort eingesetzt waren und auf ein aktiveres Vorgehen drängten (vgl. Münch 2015, S. 286ff.) – die militärische Praxis der Bundeswehr bis 2009 durch die Ausweitung der Maßnahmen zum Schutz der eigenen Truppe sowie einen weitgehenden Verzicht auf offensive

---

2 In der Forschungsliteratur wurde hierfür der (englische) Begriff der *casualty shyness* geprägt (vgl. hierzu das Sonderheft „Considering Casualties" der Zeitschrift Armed Forces & Society 31 (5) von 2005).

Gewaltanwendung gekennzeichnet. Dies spiegelte sich auch in den formalen Vorgaben (Taschenkarten mit den Einsatzregeln für die Bundeswehrangehörigen; „nationale Klarstellung" zu den international abgestimmten *Rules of Engagement*; vgl. Münch 2015, S. 274f.) wider. Erst 2009 wurden diese so modifiziert, dass für Bundeswehrangehörige physische Gewaltanwendung nicht nur zur Selbstverteidigung, sondern auch offensiv als „erlaubt" galt (Münch 2015, S. 295f.). Ab 2009 und vor allem in der ersten Hälfte des Jahres 2010 kam es zur Gewalteskalation mit den genannten Ereignissen am Kunduz-Fluss und in Isa Khel. Diesem Wandel des militärischen Vorgehens vorausgegangen war gleichwohl eine intensive Debatte in Deutschland, bei der durch eine Reihe von Anpassungen in semantischer Hinsicht – wie die Wiedereinführung der Begriffe „Gefallene" und „Krieg" (vgl. Dörfler-Dierken 2010) – der Afghanistaneinsatz diskursiv von einem Stabilisierungseinsatz weg in Richtung eines Kampfeinsatzes gerückt worden war. Kurz: Der in Afghanistan zu beobachtende Wandel der Gewaltpraxis der Bundeswehr erfolgte in Reaktion auf Angriffe der sogenannten Aufständischen (die gleichwohl ihrerseits unter anderem auf diese Weise auf die internationale Intervention reagierten), aber stets in Rückbezug auf die aufgestellten Einsatzregeln und Verfahren. In diesem Sinne handelte es sich hier um eine politisch wenn auch nicht direkt angeordnete, so doch grundsätzlich autorisierte Ausweitung der Gewaltanwendung. Die offensive Gewaltpraxis der Bundeswehr ging Münch (2015, S. 313ff.) zufolge ab der zweiten Hälfte des Jahres 2010 wieder zurück, was neben der veränderten Vorgehensweise der Aufständischen vor allem auf die politische Entscheidung, einen Großteil der ISAF-Kräfte bis 2014 abzuziehen, zurückzuführen sei, wodurch sich die Ausrichtung des Einsatzes auf die Ausbildung afghanischer Kräfte und die Übergabe von Sicherheitsaufgaben an diese verlagert habe. Auf die Eskalation militärischer Gewalt folgte demnach – wiederum durch politische

Vorgaben gesteuert – eine Begrenzung des Gewalthandelns. Dieser Hinweis auf die zu beobachtenden unterschiedlichen Intensitäten militärischer Gewaltanwendung ist wichtig, um zu verdeutlichen, dass sich – entgegen der These, dass Gewalthandeln in allen Kriegen unterschiedslos gleich ist und stets eine entgrenzende Dynamik mit sich bringt (vgl. Neitzel und Welzer 2011) – auch beim Militär Gewalt nicht einfach beliebig entwickelt, sondern im Regelfall organisiert entfaltet (und genau deshalb unter bestimmten Umständen auch eine besonders zerstörerische Wirkung erzielen kann).

Eine etwas anders gelagerte Entwicklung lässt sich für die Mikroebene konstatieren: Die oben erwähnte Umstellung auf klassische Operationsführung schlug sich aufseiten der in Afghanistan eingesetzten Soldatinnen und Soldaten in zunehmenden Gefechtserlebnissen nieder. Bei den davon betroffenen Einheiten löste dies eine Akzentuierung und Aufwertung der „Dispositionen des Kriegerhabitus" (Münch 2015, S. 311) aus. Binnenmilitärische Auseinandersetzungen, wie sie von Bohnert (2013) zwischen „Drinnis" und „Draussis", also zwischen innerhalb und außerhalb des Feldlagers eingesetzten Soldaten, geschildert oder auch als Konflikt zwischen jüngeren einsatzerfahrenen Soldaten und ihren älteren, weniger einsatzerfahrenen Vorgesetzten unter dem Schlagwort „Generation Einsatz" verhandelt wurden (Tomforde 2010; Seiffert 2013), waren die Folge. Bisherige Regeln und Verfahrensweisen, aber auch Vorstellungen von Führung und Ausbildung wurden in diesem Zusammenhang infrage gestellt. Organisationssoziologisch sind solche Auseinandersetzungen als „normaler" Bestandteil eines kontinuierlichen Aushandlungsprozesses über den „(Wesens) Kern des Soldatseins" (Leonhard 2018) zu verstehen, bei denen es um die innerorganisationale Verteilung von Macht und Einfluss ebenso wie um die Bestimmung von Identität(en) geht. Im Fall der Bundeswehr lässt sich daran die Verarbeitung der Auslandseinsätze und insbesondere der dort gemachten Gewalterfahrungen

Just Policing – Replik aus (militär-)soziologischer Sicht

nachvollziehen: Diese gehören einerseits zur soldatischen Berufsbeschreibung dazu und stellen andererseits aufgrund der explizit politisch gewollten Ausrichtung der Streitkräfte an den Werten und Normen der bundesrepublikanischen Zivilgesellschaft, die sich nicht zuletzt an der Norm der Gewaltvermeidung orientiert, gesellschaftlich als negativ klassifizierte Ausnahmeerfahrungen dar. Mittlerweile scheinen die Konflikte, die sich aus den Diskrepanzen zwischen der soldatischen und der zivilgesellschaftlichen (= der öffentlichen) Bewertung des Afghanistaneinsatzes wie auch zwischen den unterschiedlichen Deutungen des Einsatzes innerhalb der Streitkräfte, die ihrerseits ja keine homogene Einheit darstellen, sondern durch vielfältige Differenzen (unterschiedliche Laufbahnen, Dienstgradgruppen, Teilstreitkräfte etc.) gekennzeichnet sind, in den Hintergrund getreten zu sein. Angesichts der veränderten Ausrichtung des Afghanistaneinsatzes und der seit der Krim-Annexion erfolgten Rückbesinnung auf die Bündnis- und Landesverteidigung werden die in Afghanistan gemachten (Gewalt-)Erfahrungen inzwischen augenscheinlich weitgehend konsensuell als „Professionalisierung" gedeutet (vgl. Tomforde 2015; Mann 2014) und in dieser Form auch offiziell erinnert, aber nicht (mehr) als Alleinstellungsmerkmal herausgestellt. Dies geht etwa aus der Neufassung der Traditionslinien von 2018 hervor (vgl. Biehl und Leonhard 2018, S. 46f.). Dort findet zwar die Bewährung im Gefecht (erstmals) eine positive Erwähnung. Insgesamt werden aber die Prinzipien der Inneren Führung, die bekanntermaßen für eine politische Bestimmung des Einsatzes von Streitkräften und gegen eine (ausschließliche) Fokussierung auf die militärische Expertise des Gewaltmanagements stehen, erneut bekräftigt. Dies verdeutlicht, dass der Afghanistaneinsatz und die damit verbundenen Gewalterfahrungen in professions- wie identitätsbezogener Hinsicht durchaus einen Wandel bewirkten, der als eine (Re-)Fokussierung auf die militärische Kompetenz des Kämpfens bezeichnet werden könnte. Diese (Re-)Fokussierung wurde allerdings im Verlauf der vergangenen Jahre institutionalisiert (Einweihung „Ehrenmal der Bundeswehr" 2009; Schaffung einer Einsatzmedaille „Gefecht" 2010; Einweihung „Wald der Erinnerung" 2014; neue Traditionsrichtlinien 2018) und auf diese Weise abgeschwächt: Der „Staatsbürger in Uniform" – und nicht etwa der „warrior" (Mann 2014) – ist und bleibt bis auf Weiteres das offizielle Leitbild der Bundeswehr. Auch daran zeigen sich die Möglichkeiten wie Grenzen der politischen Einhegung militärischer Gewaltsamkeit ebenso wie die Potenziale einer hierzulande derzeit glücklicherweise nicht zu konstatierenden Entgrenzung.

4 Fazit

Ziel der vorangegangenen Ausführungen war es, die mit dem Konzept des Just Policing verbundenen Vorstellungen über die Prämissen staatlicher Gewaltanwendung in Gestalt von Militär und Polizei unter soziologischen Gesichtspunkten zu diskutieren. Dabei wurden zunächst die Diskrepanzen zwischen den jeweiligen Perspektiven aufgezeigt, um anschließend die Herausforderungen zu beleuchten, die sich auf der Grundlage empirischer Forschungsergebnisse zum Afghanistaneinsatz der Bundeswehr herauskristallisieren. Anhand der Studie von Philipp Münch (2015) wurden hierfür zum einen die Eigenlogik militärischer Interventionen und die daraus resultierenden Defizite des ISAF-Einsatzes beleuchtet, die – so das zentrale Argument – im Kern nicht auf die Organisationsform des Militärs zurückzuführen sind, sondern in der Akteurskonstellation internationaler Einsätze gewissermaßen grundsätzlich angelegt sind. Der Ersatz internationaler Streitkräfte durch internationale Polizeikräfte würde demnach die Problemlagen, die sich in bisherigen Militäreinsätzen zeigten, verschieben, aber nicht lösen. Im Hinblick auf das mit Militärorganisationen in spezifischer Weise verknüpfte Gewaltproblem wurde zum anderen ebenfalls am Beispiel des Afghanistaneinsatzes der Bundeswehr herausgearbeitet, dass sich gewalteskalierende wie -deeskalierende militärische Praktiken nicht aus einem Einsatz von Streitkräften an und für sich, sondern im Wechselspiel zwischen den politischen und rechtlichen Rahmenbedingungen, der Einsatzsituation vor Ort wie auch den ohne Zweifel bestehenden (und intentional ausgebildeten) militärspezifischen Wahrnehmungs-, Deutungs- und Handlungsmustern der militärischen Akteure ergeben. Diese Feststellung mag banal erscheinen, sie verdeutlicht jedoch die enge institutionelle Rückbindung militärischen Handelns an das politische System (vgl. Kohl 2009). Diese schlägt sich nicht nur in Form von Einsatzregeln nieder, die militärische Gewaltanwendung regulieren (sollen), sondern auch in identitätsbezogener Hinsicht etwa in soldatischen Forderungen nach gesellschaftlicher Anerkennung, die politisch „verarbeitet" werden müssen. Beides hat Einfluss darauf, wie militärische Gewalt in der Praxis eingehegt (oder entfacht) wird.

Literatur

Apelt, Maja. 2009. Die Paradoxien des Soldatenberufs im Spiegel des soldatischen Selbstkonzepts. In *Auslandseinsätze der Bundeswehr. Sozialwissenschaftliche Analysen, Diagnosen und Perspektiven*, hrsg. von Sabine Jaberg, Heiko Biehl, Günter Mohrmann und Maren Tomforde, 143–162. Berlin: Duncker & Humblot.
Biehl, Heiko. 2008. Von der Verteidigungs- zur Interventionsarmee. Konturen eines gehemmten Wandels. In *Streitkräfte im Einsatz: Zur Soziologie militärischer Interventionen*, hrsg. von Gerhard Kümmel, 9–20. Baden-Baden: Nomos.

Biehl, Heiko und Jörg Keller. 2009. Hohe Identifikation und nüchterner Blick. Die Sicht der Bundeswehrsoldaten auf ihre Einsätze. In *Auslandseinsätze der Bundeswehr. Sozialwissenschaftliche Analysen, Diagnosen und Perspektiven*, hrsg. von Sabine Jaberg, Heiko Biehl, Günter Mohrmann und Maren Tomforde, 121–141. Berlin: Duncker & Humblot.

Biehl, Heiko und Nina Leonhard. 2018. Bis zum nächsten Mal? Eine funktionalistische Interpretation der Debatte um die Tradition der Bundeswehr. In *Tradition in der Bundeswehr. Stimmen zum Erbe des deutschen Soldaten und zur Umsetzung des neuen Traditionserlasses*, hrsg. von Donald Abenheim und Uwe Hartmann, 30–49. Berlin: Carola Hartmann Miles-Verlag.

Bohnert, Marcel. 2013. Armee in zwei Welten. In *Soldatentum. Auf der Suche nach Identität und Berufung der Bundeswehr heute*, hrsg. von Martin Böcker, Larsen Kempf und Felix Springer, 75–89. München: Olzog.

Bredow, Wilfried von. 2001. Multikulturelle Sozialarbeiter mit Spezialbewaffnung. Das Profil der Neuen Streitkräfte. *Frankfurter Allgemeine Zeitung* vom 4. August 2001, 6.

Browning, Christopher R. 2011 [1992]. *Ganz normale Männer. Das Reserve-Polizeibataillon 101 und die „Endlösung" in Polen*. Reinbek bei Hamburg: Rowohlt.

Chiari, Bernhard. 2013. Die Bundeswehr als Zauberlehrling der Politik? Der ISAF-Einsatz und das Provincial Reconstruction Team (PRT) Kunduz 2003 bis 2012. *Militärgeschichtliche Zeitschrift* 72 (2): 317–351.

Chiari, Bernhard (Hrsg.). 2014. *From Venus to Mars? Provincial Reconstruction Teams and the European Military Experience in Afghanistan 2001–2014*. Freiburg: Rombach.

Deutscher Bundestag. 2011. *Untersuchungsausschuss Tanklasterbombardierung*. Drucksache 17/740 vom 25. Oktober 2011. Berlin: Deutscher Bundestag.

Dörfler-Dierken, Angelika. 2010. Identitätspolitik der Bundeswehr. In *Identität, Selbstverständnis, Berufsbild. Implikationen der neuen Einsatzrealität für die Bundeswehr*, hrsg. von Angelika Dörfler-Dierken und Gerhard Kümmel, 137–160. Wiesbaden: VS Verlag für Sozialwissenschaften.

Enns, Fernando. 2013. Gerechter Frieden zwischen Interventionsverbot und Schutzgebot. Das ethische Dilemma der Gewaltanwendung. In

Menschen geschützt – gerechten Frieden verloren? Kontroversen um die internationale Schutzverantwortung in der christlichen Friedensethik, hrsg. von Ines-Jacqueline Werkner und Dirk Rademacher, 95–109. Münster: LIT.

Geser, Hans. 1996. Internationale Polizeiaktionen: ein neues evolutionäres Entwicklungsstadium militärischer Organisationen? In *Friedensengel im Kampfanzug? Zu Theorie und Praxis militärischer UN-Einsätze*, hrsg. von Georg-Maria Meyer, 45–74. Opladen: Westdeutscher Verlag.

Gillner, Matthias und Volker Stümke (Hrsg.). 2014. *Kollateralopfer. Die Tötung von Unschuldigen als rechtliches und moralisches Problem*. Baden-Baden: Nomos und Münster: Aschendorff.

Haltiner, Karl. 2001. Polizisten oder Soldaten? Organisatorische Dilemmata bei der Konstabulisierung des Militärs. *Österreichische Militärische Zeitschrift* 39 (3): 291–298.

Helmecke, Chris. 2018. Gefallen und verwundet im Kampf. Deutsche Soldaten im Karfreitagsgefecht 2010. *Militärgeschichte. Zeitschrift für historische Bildung* (2): 4–9.

Kaldor, Mary. 2000. *Neue und alte Kriege. Organisierte Gewalt im Zeitalter der Globalisierung*. Frankfurt a. M.: Suhrkamp.

Kohl, Tobias. 2009. Zum Militär der Politik. *Soziale Systeme* 15 (1): 160–188.

Kolanoski, Martina. 2015. Die Kategorie der Zivilperson in der Rechtspraxis. Eine Fallstudie zur prozessualen Mitgliedschaftskategorisierungsanalyse. *Zeitschrift für Rechtssoziologie* 35 (2): 245–269.

Kühl, Stefan. 2014. *Ganz normale Organisationen. Zur Soziologie des Holocaust*. Frankfurt a. M.: Suhrkamp.

Kümmel, Gerhard. 2012. Die Hybridisierung der Streitkräfte: Militärische Aufgaben im Wandel. In *Militärsoziologie – Eine Einführung*, hrsg. von Nina Leonhard und Ines-Jacqueline Werkner, 117–138. Wiesbaden: VS Verlag für Sozialwissenschaften.

Leonhard, Nina. 2018. Über den (Wesens)Kern des Soldatseins: Professionssoziologische Überlegungen zur gegenwärtigen Debatte um soldatische Berufs- und Selbstbilder im Bereich der Bundeswehr. In *Professionskulturen – Charakteristika unterschiedlicher professioneller Praxen*, hrsg. von Silke Müller-Herrmann, Roland Becker-Lenz, Roland, Stefan Busse und Gudrun Ehlert, 7–29. Wiesbaden: Springer VS.

Mann, Robert Clifford. 2014. German Warriors. In *Deutschland in Afghanistan*, hrsg. von Michael Daxner, 139–153. Oldenburg: BIS-Verlag der Carl von Ossietzky Universität Oldenburg.

Moskos, Charles C. 2000. Toward a Postmodern Military. In *The Postmodern Military. Armed Forces after the Cold War*, hrsg. von Charles C. Moskos, John Allen Williams und David R. Segal, 14–31. Oxford: Oxford University Press.

Münch, Philipp. 2015. *Die Bundeswehr in Afghanistan. Militärische Handlungslogik in internationalen Interventionen*. Freiburg: Rombach.

Münkler, Herfried. 2002. *Die neuen Kriege*. Reinbek bei Hamburg: Rowohlt.

Naumann, Klaus. 2008. *Einsatz ohne Ziel? Die Politikbedürftigkeit des Militärischen*. Hamburg: HIS.

Naumann, Klaus. 2013. *Der blinde Spiegel. Deutschland im afghanischen Transformationskrieg*. Hamburg: HIS.

Sangar, Eric. 2014. *Historical Experience – Burden or Bonus in Today's War? The British Army and the Bundeswehr in Afghanistan*. Freiburg: Rombach.

Scheffer, Thomas. 2018. Micro-Politics by Hesitation: How Combat Soldiers Work on and against an Order to Kill. *Ethnographic Studies* (15): 122–158.

Seiffert, Anja. 2013. Generation Einsatz. *Aus Politik und Zeitgeschichte* 63 (44): 11–16.

Seiffert, Anja und Julius Heß. 2019. *Leben nach Afghanistan – die Soldaten und Veteranen der Generation Einsatz der Bundeswehr. Ergebnisse der sozialwissenschaftlichen Langzeitbegleitung des 22. Kontingents ISAF*. Potsdam: Zentrum für Militärgeschichte und Sozialwissenschaften der Bundeswehr.

Shaw, Martin. 2005. *New Western Ways of War. Risk-Transfer War and Its Crisis in Iraq*. Cambridge: Polity Press.

Stachelbeck, Christian. 2014. „Serving a remote oupost." The Bundeswehr at Fayzabad 2004–2012. In *From Venus to Mars? Provincial Reconstruction Teams and the European Military Experience in Afghanistan 2001–2014*, hrsg. von Bernhard Chiari, 157–176. Freiburg: Rombach.

Tomforde, Maren. 2009. „Bereit für drei Tassen Tee?" Die Rolle von Kultur für Auslandseinsätze der Bundeswehr. In *Auslandseinsätze der Bundeswehr. Sozialwissenschaftliche Analysen, Diagnosen und Perspektiven*, hrsg. von Sabine Jaberg, Heiko Biehl, Günter Mohrmann und Maren Tomforde, 71–91. Berlin: Duncker & Humblot.

Tomforde, Maren. 2010. Neue Militärkultur(en). Wie verändert sich die Bundeswehr durch die Auslandseinsätze? In *Forschungsthema: Militär*.

Militärische Organisationen im Spannungsfeld von Krieg, Gesellschaft und soldatischen Subjekten, hrsg. von Maja Apelt, 193–219. Wiesbaden: VS Verlag für Sozialwissenschaften.

Tomforde, Maren. 2015. „Good Shot": Gewalterfahrungen von Bundeswehrsoldaten im Auslandseinsatz. In *Militär und Gewalt. Sozialwissenschaftliche Perspektiven*, hrsg. von Nina Leonhard und Jürgen Franke, 213–248. Berlin: Duncker & Humblot.

Vogt, Wolfgang R. 1992. Militär – Eine Institution auf der Suche nach Legitimation. Zur Debatte über die zukünftigen Funktionen militärischer Macht im Prozeß der Friedenssicherung und -gestaltung. In *Die Zukunft der Streitkräfte angesichts weltweiter Abrüstungsbemühungen*, hrsg. von Gerd Kaldrack und Paul Klein, 9–40. Baden-Baden: Nomos.

Weber, Max. 1992 [1919]. *Politik als Beruf*. Stuttgart: Reclam.

Werkner, Ines-Jacqueline. 2017. *Militärische versus polizeiliche Gewalt. Aktuelle Entwicklungen und Folgen für internationale Friedensmissionen*. Wiesbaden: Springer VS.

Werkner, Ines-Jacqueline. 2018. Just Policing – Eine Alternative zur militärischen Interven-tion? In *Just Policing. Eine Alternative zu militärischer Intervention?*, hrsg. Von Uta A. Engelmann und Ines-Jacqueline Werkner, 8–166. Karlsruhe: Evangelische Akademie Baden.

Winter, Martin. 2003. Metamorphosen des staatlichen Gewaltapparates: Über die Entwicklung von Polizei und Militär in Deutschland. *Leviathan* 31 (4): 519–555.

Das Konzept des Just Policing aus völkerrechtlicher Sicht

Hans-Joachim Heintze

1 Einleitung

Der Begriff des Just Policing taucht in der juristischen Literatur – vor allem der USA – in zweierlei Zusammenhängen auf. Zum einen geht es um rassistische Einstellungen bei den Angehörigen der Polizei, was häufig zu willkürlichen Gewaltanwendungen gegenüber Minderheiten führt oder zumindest Benachteiligungen bestimmter Gruppen mit sich bringt. Zum anderen lassen die Zustände in Haftanstalten immer wieder den Ruf nach einem Just Policing erschallen. Damit wird deutlich, dass hinsichtlich des Just Policing vor allem die nationale Rechtsordnung und -durchsetzung der Staaten gefordert ist, die sicherstellen muss, dass die Grundrechte aller Menschen unabhängig von ihrer ethnischen oder religiösen Zugehörigkeit ebenso durch die Polizei zu schützen sind wie die der Menschen, die wegen einer Verurteilung oder einer Straftat einem Freiheitsentzug ausgesetzt sind (vgl. Quattlebaum et al. 2018, S. 23).

Dieser Anwendungsbereich des Just Policing hat nur indirekt mit dem Völkerrecht zu tun, und zwar dadurch, dass die Staaten aufgrund der im Völkerrecht verankerten Menschenrechte dazu verpflichtet sind, allen sich unter ihrer Jurisdiktion befindlichen Personen die in internationalen Verträgen verankerten Rechte einzuräumen. Ein Instrument zur Gewährleistung ist die nationale Jurisdiktion und die sich auf das staatliche Zwangsmonopol berufende Polizei, die zur Durchsetzung der nationalen Rechtsordnung im Rahmen der Verhältnismäßigkeit auch körperlichen Zwang anwenden darf. Auf die sich daraus ergebenden Rechtsfragen ist hier allerdings nicht einzugehen, da in den letzten Jahren im Zusammenhang mit internationalen Friedenseinsätzen verschiedentlich ein neues Verständnis des Just Policing aufgekommen ist, das hier zu hinterfragen ist.

Im Beitrag wird einerseits die rechtliche Dimension staatlicher Gewaltanwendung dargestellt, um dann andererseits die Frage der rechtserhaltenden Gewalt im Völkerrecht zu erörtern. Dabei ist insbesondere auf die Bindung jedes internationalen Einsatzes von Militär und Polizeikräften an das vom UN-Sicherheitsrat erteilte Mandat und an die Menschenrechte einzugehen, um herauszuarbeiten, was nach dem Völkerrecht ein Verständnis des Just Policing sein kann.

2 Die rechtliche Dimension staatlicher Gewaltanwendung

Im letzten Jahrzehnt kam in der Literatur eine Diskussion auf, die wesentlich durch das auch im Rahmen der Vereinten Nationen diskutierte Konzept der Schutzverantwortung (R2P) beförderte wurde. Demnach sollte das Konzept des Just Policing das mit der R2P verbundene Dilemma lösen, die Schutzverantwortung notfalls auch mit gewaltförmigen Mitteln durchzusetzen. Bewusst wird sowohl bei der R2P als auch beim Just Policing zweimal das

Just Policing aus völkerrechtlicher Sicht 101

Wort Konzept verwendet, denn bei beiden Vorstellungen handelt es sich nicht um verbindliche Rechtsnormen, sondern um theoretische Denkmodelle, die einen besseren Schutz von denjenigen Menschen erreichen sollen, die sich Kriegen oder schwersten Menschenrechtsverletzungen ausgesetzt sehen. Der Schutz sollte bei der R2P auch mit der Anwendung von Gewalt als letztem Mittel erreicht werden. Das stellte Friedensforscherinnen und -forscher vor ein Dilemma, lässt sich dieses Konzept nicht mit dem Ideal der Gewaltfreiheit in Einklang bringen. Ein Ausweg aus diesem Dilemma wurde im juristischen Verhältnismäßigkeitsgrundsatz gesehen, nach dem – wenn Gewalt angewendet werden muss – stets das mildeste Mittel zu wählen sei. Entsprechend dieser Denkschule wird ein Gegensatz zwischen militärischer und polizeilicher Gewaltanwendung konstruiert, wobei die polizeiliche Gewalt als das mildere Mittel gilt. Die Lösung sollte somit das Konzept des gerechten polizeilichen Handelns, das als Weg zur Gewaltdeeskalation und Gewaltminimierung verstanden wurde, erbringen (vgl. Schlabach 2011, S. 66). Die Polizei, so wurde argumentiert, strebe aufgrund ihres Aufgabenprofils und ihrer Ausstattung keinen Sieg über andere an, sondern suche eine *win-win*-Lösung bei geringster Zwangsausübung (vgl. Enns 2013, S. 107).

Aus juristischer Sicht muss diese Betrachtungsweise aus rechtsdogmatischen Gründen überraschen. Schließlich handelt es sich bei der Polizei ebenso wie beim Militär um Institutionen der Exekutive, das heißt beide Organe haben ein Gewaltmonopol, was aber dadurch eingegrenzt ist, dass sie dieses Gewaltmonopol im Rahmen der von der Legislative vorgegebenen Rechtsordnung ausüben müssen. Diese Konstellation bedingt, dass sich die Art und Weise, wie das Gewaltmonopol ausgeübt wird, in den Staaten unterscheiden. Während in Deutschland ein sehr stark ausgeformter Verhältnismäßigkeitsgrundsatz zur Anwendung kommt, mag dieser in anderen Staaten nicht so dominant sein. Auch das in Deutschland aufgrund der historischen Erfahrungen für Friedenszeiten festgeschriebene Verbot des Einsatzes der Bundeswehr im Inneren lässt sich auf andere Staaten nicht übertragen. Vielfach kommt es dort dazu, dass sich die Strukturen der Polizei und der Streitkräfte überschneiden, wie das Beispiel der Carabinieri in Italien zeigt.

Festzuhalten bleibt aber, dass es bei jeder Anwendung des staatlichen Gewaltmonopols nicht darum gehen kann, eine geringste Zwangsausübung zu erreichen, sondern eine, die verhältnismäßig ist. Staatsorgane müssen somit das mildeste Mittel anwenden, um das Ziel der Aufrechterhaltung der öffentlichen Ordnung und eines rechtstreuen Zustands zu erreichen. Die Rechtsgrundlage des Tätigwerdens sowohl der Polizei als auch der Streitkräfte ist die nationale Rechtsordnung. Es gibt auch die extraterritoriale Ausübung staatlicher Jurisdiktion, zum Beispiel an Bord von Schiffen und Flugzeugen sowie in Botschaftsräumen und auf Militärstützpunkten. Das mögliche Tätigwerden der Polizei und des Militärs richtet sich dann aber ebenfalls nach der nationalen Rechtsordnung, möglicherweise in Abstimmung mit anderen Staaten.

3 Die völkerrechtliche Dimension eines internationalen gewaltförmigen Einsatzes

Zu einem hoheitlichen gewaltförmigen Tätigwerden von bewaffneten Staatsorganen – Polizei und Militär – kann es nach dem Völkerrecht nur in zwei Konstellationen kommen: Zum einen könnte eine Einladung einer demokratisch legitimierten Regierung vorliegen (vgl. Nolte 1999, S. 543). Denkbar wäre eine solche Einladung im Falle einer Notstandssituation in einem Staat oder einer Nachkonfliktsituation. Zum anderen könnte der Sicherheitsrat unter Kapitel VII Zwangsmaßnahmen gegen den Friedensstörer ergreifen, die nach der Ausschöpfung der nichtmilitärischen Sanktionen auch die Entsendung von „air-, sea- or landforces" beinhalten kann. Mit „forces" sind hier bei korrekter Auslegung offensichtlich Streitkräfte gemeint. In der jüngeren Praxis hat der Sicherheitsrat aber auch Polizeikräfte entsandt, um in einer Situation, die eine Bedrohung oder einen Bruch des Friedens darstellt, die Wiederherstellung von Frieden und Sicherheit mit allen Mitteln durchzusetzen. In beiden möglichen Konstellationen erhalten die bewaffneten Kräfte ein Mandat, das festlegt, welchen Auftrag die polizeilichen oder militärischen Kräfte durchzuführen haben. Dieses Mandat wird entweder von den beteiligten Staaten vereinbart oder vom Sicherheitsrat festgelegt. Es stellt einen politischen Kompromiss dar und gibt oftmals Anlass zu Kritik. Ein drastisches Beispiel war sicher das Mandat des „Dutchbat", das im Auftrag der Vereinten Nationen in die von ihr ausgerufene „safe area" von Srebrenica entsandt worden war, um die lokale Bevölkerung zu schützen. Das niederländische Bataillon war aber dafür weder ausgerüstet noch ausgebildet und mental darauf vorbereitet (vgl. Hagedorn 2011, S. 203). Ganz offensichtlich war das UN-Mandat nicht geeignet, den Menschen tatsächlich Schutz zu gewähren. Entscheidend war hier nicht die Frage, ob es sich beim „Dutchbat" um eine militärische Einheit oder eine Formation der Polizei handelte. Vielmehr hätte auf der Grundlage des von den Vereinten Nationen verabschiedeten Mandats in den „Rules of Engagement", einer Vereinbarung zwischen den Vereinten Nationen und dem Entsendstaat der bewaffneten Formationen, festgelegt werden müssen, wie, mit welchen Mitteln und in welcher Verfahrensweise der friedenssichernde Auftrag umgesetzt werden sollte. Entscheidend ist folglich nicht, ob es sich um militärische oder polizeiliche Kräfte handelt, sondern dass die entsendeten Einheiten angemessen reagieren können, um dem im Mandat festgelegten Auftrag gerecht zu werden. Das *UN Department of Peacekeeping Operations* (DPKO 2008, S. 61ff.) spricht daher überzeugend von „The Art of Successful Mandate

Implementation". Ausschlaggebend ist dabei die Bindung an die Menschenrechte, die Voraussetzung für ein Just Policing sind.

4 Die Bindung eines (internationalen) Polizeieinsatzes an die Menschenrechte

Die Polizei ist ein Staatsorgan, das im Rahmen einer Rechtsordnung staatliche Macht ausübt. Wird sie international durch die Vereinten Nationen eingesetzt, so unterliegt sie einerseits der Rechtsordnung des Entsendestaates sowie andererseits der Rechtsordnung, die mit den vereinbarten *Rules of Engagement* geschaffen wurde. Unstreitig dürfte jedoch sein, dass im Falle der Verletzung der *Rules of Engagements* die entsendeten Polizistinnen und Polizisten Immunität gegenüber der Strafgerichtsbarkeit des Gastlandes besitzen.

Im Zentrum der Bindung der Polizei an die Rechtsordnung stehen die Menschenrechte, denn sie regulieren die Ausübung staatlicher Macht. Dadurch wird polizeiliche Tätigkeit einerseits ermächtigt und zugleich beschränkt. Im Falle eines bewaffneten Konflikts ist zudem das humanitäre Völkerrecht heranzuziehen (vgl. Crawshaw 2018, S. 9).

Das für einen internationalen Polizeieinsatz einschlägige Völkerrecht sind die völkerrechtlichen Menschenrechte, das Kriegsrecht und das Völkerstrafrecht. Die Polizei kann und wird verschiedentlich insbesondere in nicht-internationale bewaffnete Konflikte verwickelt oder sie wird durch die Vereinten Nationen in Nachkonfliktsituationen eingesetzt. Dabei ist es unerheblich, über welche Bewaffnung die Polizistinnen und Polizisten verfügen, entscheidend ist die Verwicklung in einen bewaffneten Konflikt, die die Anwendung der Rechtsordnung des humanitären Völkerrechts bedingt. Letztlich zielen die Rechtsordnungen darauf ab, Menschen vor dem Missbrauch von Macht durch den Staat zu schützen und ihnen Rechtsmittel im Falle von Rechtsverletzungen einzuräumen. Bei der Betrachtung des Verhältnisses von Menschenrechten und Polizei sind vier Konzepte von Relevanz: Zum ersten ist dies mit dem Begriff des Respekts verbunden. Er setzt einen rechtmäßigen Einsatz von Polizei voraus und schafft die nötige Legitimation für eine Einschränkung der Menschenrechte durch die Anwendung von Gewalt, wie dies zum Beispiel im Falle eines Notstandes nötig sein kann. Auch dann ist zu berücksichtigen, dass der Eingriff nötig und verhältnismäßig ist. So kann es erforderlich sein, dass eine Person in Gewahrsam genommen wird, aber auch dann ist sie menschlich zu behandeln.

Das zweite Konzept bezieht sich auf den Schutz aller Menschenrechte durch die Polizei. So kann die Polizei bei der Verhinderung und Verfolgung von Verbrechen sowie bei der Aufrechterhaltung der öffentlichen Ordnung helfen, Bedingungen zu schaffen, die die Wahrnehmung der Menschenrechte möglich machen. Bei einer Bedrohung von Personen schützt sie diese in spezifischer Weise. Der Schutz der Menschenrechte gehört zu den positiven Aspekten des Verhältnisses von Menschenrechten und Polizeiarbeit (vgl. Crawshaw et al. 1998, S. 124).

Das dritte Konzept ist das der Nachforschung im Falle der Verletzung von grundlegenden Menschenrechen wie dem Recht auf Leben und dem Verbot der Folter. In solchen Fällen ist die Polizei verpflichtet, prompt und effektiv die Sachverhalte aufzuklären und mit anderen Nachforschungsorganen zu kooperieren.

Das vierte Konzept bezieht sich auf die Berechtigung der Polizei, ebenfalls in den Genuss der Menschenrechte zu kommen, denn Polizistinnen und Polizisten sind ebenfalls Teil der Gesellschaft und Bürgerinnen und Bürger eines Landes. Dies ist deshalb zu unterstreichen, weil die Polizeiarbeit oftmals gefährlich ist beziehungsweise Unbequemlichkeiten mit sich bringt.

5 UN-Polizeimissionen

In bewaffneten Konflikten und Nachkonfliktsituationen kommt es massenhaft zu Erscheinungen von Furcht, Verzweiflung und Rechtlosigkeit. Diese stellen die beteiligten Akteure vor die Herausforderung, den Menschen neue Hoffnung zu geben und die betroffenen Gesellschaften zu stabilisieren. Die Vereinten Nationen haben diesbezüglich im Rahmen ihrer Stabilisierungsmaßnahmen in Nachkonfliktgesellschaften umfangreiche Erfahrungen gesammelt und sind ein Hauptakteur. Im Laufe der Zeit wurden diese Friedensoperationen immer komplexer und multidimensionaler. Im Rahmen dieses Prozesses fanden die Menschenrechte immer stärker Aufnahme in die Mandate der UN-Missionen, so dass sie heute ein ausschlaggebendes Moment sind (vgl. DPKO 2010, S. 10ff.).

Sie wurden damit auch zu einem zentralen Aspekt jeder UN-Polizeimission. Diese Entwicklung begann bereits 1960 mit der UN-Mission im Kongo. Seither hat sich die Beteiligung der Polizei grundlegend verändert und ausgedehnt. 2018 dienten rund 10.683 Polizistinnen und Polizisten aus 120 Staaten in 14 Missionen weltweit (vgl. https://peacekeeping.un.org/en/policing). Ihre Aufgabe ist nicht mehr nur die Friedensbewahrung (*Peacekeeping*), sondern auch die Friedensschaffung (*Peacebuilding*) und die Friedensdurchsetzung (*Peaceenforcement*). Insbesondere in den 1990er Jahren kam es zu einem deutlichen Anstieg der Missionen, was einen enorme Umfangserweiterung der Aufgaben mit sich brachte (vgl. Larsen 2012, S. 8). Die Aufgaben der Polizei verlagerten sich von der bloßen Beobachtung und Beratung der Polizei des Gastlandes hin zu der Reformierung, dem Wiederaufbau und der Restrukturierung von Polizeieinheiten sowie zur taktischen und operativen Unterstützung und zur generellen Rechtsdurchsetzung. Die internationalen Polizeieinheiten spielen eine entscheidende Rolle in Situationen, die durch ein rechtliches und ordnungspolitisches

Vakuum gekennzeichnet sind und tragen zur Entwicklung der nationalen Rechtsdurchsetzungsorgane bei. Vor diesem Hintergrund überrascht es nicht, dass sich auch der Sicherheitsrat immer wieder ausdrücklich mit dem Sinn und Zweck der Entsendung von Polizeieinheiten beschäftigte, und zwar schon seit 2014 (von der S/RES 2185 vom 20. November 2014 bis zur S/RES 2382 vom 6. November 2017). Darauf aufbauend wurden spezielle Richtlinien verabschiedet (*Strategic Guideline Framework for International Police Peacekeeping*).

Da die Vereinten Nationen nicht über eigene Polizeieinheiten verfügen, stellt sich die Frage nach dem UN-Verständnis von Polizei. Ähnlich wie bei militärischen UN-Einsätzen hängen die Vereinten Nationen von der Bereitschaft der Mitgliedsstaaten ab, individuelle nationale Polizisten oder ganze Polizeieieinheiten (*Formed Police Units*) zur Verfügung zu stellen. Des Weiteren können Spezialeinheiten (zum Beispiel für Nachforschungen oder Forensik, Sprengstoffe oder Waffenabrüstung) angefordert werden, die die Polizei des Gastlandes auf speziellen Gebieten unterstützen.

Die multinationale Zusammensetzung der internationalen Polizeikräfte bedingt praktische und rechtliche Herausforderungen, zumal der Begriff „Polizei" international keine Legaldefinition erfahren hat. Das *UN Department of Peacekeeping Operations* fasst unter diesen Begriff Polizistinnen und Polizisten sowie anderes rechtsdurchsetzendes Personal, das den Vereinten Nationen durch die Mitgliedsstaaten auf Anforderung des Generalsekretärs zu Verfügung gestellt wird.

6 Der rechtliche Rahmen der UN-Rechtsdurchsetzungsmissionen

Es zeigt sich, dass sich die Funktionen einer den Vereinten Nationen zur Verfügung gestellten militärischen Formation in vielfacher Weise überlagern: Einerseits sollen sie mit der Rechtsdurchsetzung befasst sein (was im Grunde eine polizeiliche Aufgabe ist); andererseits werden sie auch mit der Durchführung von Kampfhandlungen beauftragt. Abgesehen davon, dass die Wahrnehmung beider Tätigkeitsfelder schnell zu einer Überlastung der Streitkräfte führen kann, erfordern beide Aufträge aber auch die Anwendung verschiedener Rechtsnormen. Deshalb sind im Idealfall beide Aufgaben voneinander zu trennen und mögliche Überlappungen zu identifizieren.

Unter Rechtsdurchsetzung werden alle territorialen und exterritorialen Maßnahmen von Staaten oder anderen kollektiven Einheiten verstanden, die die öffentliche Sicherheit und Ordnung und das Recht erhalten beziehungsweise wiederherstellen sollen, um ihre Hoheit oder Macht über Menschen, Objekte und das Territorium auszuüben (vgl. Melzer 2010, S. 33). Allerdings gibt es keine Legaldefinition der Rechtsdurchsetzung, so dass man auf nichtrechtliche Dokumente wie „UN Codes" oder „Basic Principles" zurückgreifen muss. Demnach bezieht sich der Begriff vor allem darauf, dass Staatsorgane Polizeimacht ausüben, wie zum Beispiel die Macht, jemanden festzunehmen. Wo Polizeimacht durch uniformierte oder nicht-uniformierte Streitkräfte oder sonstige staatliche Sicherheitskräfte ausgeübt wird, werden sie auch als Rechtdurchsetzungsorgane betrachtet. Ihr Auftrag ist es, der Gemeinschaft zu dienen und gegen jeden illegalen Akt vorzugehen. Im Prinzip führt dieses Verständnis zu einer Überlappung von militärischen und polizeilichen Aufgaben, was als rechtlich unbefriedigend angesehen werden muss.

Just Policing aus völkerrechtlicher Sicht

Vor diesem Hintergrund muss man letztlich den rechtlichen Rahmen für rechtsdurchsetzende Aktivitäten der Vereinten Nationen in Nachkonfliktsituationen im Friedensvölkerrecht und in bewaffneten Konflikten im humanitären Völkerrecht annehmen. Grundsätzlich ist davon auszugehen, dass Polizeieinsätze in Nachkonfliktsituationen stattfinden und somit das Friedensvölkerrecht und die Menschenrechte zur Anwendung kommen. Dabei ist zum ersten das Recht des Gaststaates zu berücksichtigen, wie im Art. 6 des *Model Status of Forces Agreement* (UN-Dok. A/45/594 vom 9. Oktober 1990) ausgeführt wird. Gleichwohl entstehen immer dann grundlegende Probleme bei der Anwendung dieser Rechtsordnung, wenn ein Staat zusammengebrochen ist, nur eine unzureichende Ordnung besteht oder diese nicht im Einklang mit allgemeinverbindlichen Menschenrechtsnormen steht. Die Vereinten Nationen empfehlen in solchen Situationen die Anwendung der von ihr 2016 verabschiedeten *Guidelines on Police and Peacekeeping Missions* (vgl. UN Dok. DPKO/DFS vom 20. Oktober 2016).

Rückgriff wird zum zweiten auch auf das Recht der polizeistellenden Staaten genommen. Da die meisten dieser Staaten den UN-Menschenrechtspakten und weiteren universellen und regionalen Menschenrechtsverträgen angehören, ergibt sich eine relativ klare Rechtslage, die allerdings durch die Frage der exterritorialen Anwendung von Menschenrechtsverträgen überlagert wird. Diese kann nicht generell beantwortet werden, sondern bedarf einer fallbezogenen Analyse. Generell ist jedoch davon auszugehen, dass das Recht des Entsendestaates in Bezug auf die Menschenrechte immer dann anzuwenden ist, wenn die Polizeieinheiten effektive Kontrolle über ein fremdes Gebiet und seine Menschen ausüben. Aus dieser Sicht liegt Just Policing dann vor, wenn die Polizei die vertraglich niedergelegten Menschenrechte ebenso wie das Gewohnheitsrecht einhält.

Freilich ist der Gebrauch von Waffen zur Rechtsdurchsetzung immer ein delikates Problem, dem sich die UN mit den „Basis Principles on the Use of Force and Firearms by Law Enforcement Officials" (https://www.un.org/ruleoflaw/files/BASICP~3.PDF) zuwandte. Nach den UN-Regeln für Friedensoperationen gilt das „principle of the minimum use of force", wonach Gewalt nur im Rahmen der Selbstverteidigung oder bei der Verteidigung des Mandats angewendet werden darf (vgl. Thorn 2018, S. 272). Gleichwohl lässt insbesondere der letztere Aspekt Raum für Interpretationen, welcher aber wiederum durch das Mandat des Sicherheitsrates eingeschränkt wird. Letztlich wird die Gewaltanwendung durch UN-Polizei als ein letztes Mittel verstanden, wenn alle anderen Mittel der friedlichen Deeskalation scheitern (vgl. Sebastian 2015, S. 19). Ähnlich delikat ist auch das Problem des Freiheitsentzugs durch UN-Polizeikräfte, was zweifellos ein Aspekt der Rechtsdurchsetzung darstellt. Als Standard hat sich diesbezüglich herausgebildet, dass die Gewahrsamseinrichtungen und Verfahren den Standards des Menschenrechtsschutzes entsprechen müssen.

7 Schlussbemerkung

Die UN-Polizei wird seit dem Ende des Ost-West-Gegensatzes verstärkt eingesetzt und dient der Rechtsdurchsetzung. Ihr Einsatz beschränkte sich anfänglich auf die bloße Beobachtung. Heute schließt er exekutive Macht und operationelle Unterstützung ein und dient auch der Reformierung und Restrukturierung der Durchsetzungsorgane des Gastlandes. Durch den Kapazitätsaufbau soll die Polizei des Gastlandes in die Lage versetzt werden, der Bevölkerung zu dienen und die Herrschaft des Rechts und die Menschenrechte durchzusetzen. Zur Durchsetzung ihrer vom Sicherheitsrat erteilten Mandate kooperiert sie mit zivilen und militärischen Akteuren im Gastland. Bei all ihren Aktivitäten ist sie an die Rechtsordnung des Gastlandes gebunden, soweit diese den völkerrechtlichen Standards entspricht. Darüber hinaus ist sie den völkerrechtlichen Menschenrechten verpflichtet und kann nur in diesem Rahmen auch gewaltförmig das Recht durchsetzen. Die Mandatierung von Polizeieinheiten durch den UN-Sicherheitsrat war auch ein Lernprozess, so dass erst 2015 mit dem *Strategic Guidance Framework* eine rechtsdogmatische Grundlage geschaffen wurde, die fortlaufend weiterentwickelt wurde. Entspricht die Entsendung der UN-Polizeikräfte diesen Anforderungen, so sind die Vorgaben eines Just Policing erfüllt.

Literatur

Crawshaw, Ralph. 2018. Police and Human Rights: Fundamental Questions. In *The Police and Human Rights Law*, hrsg. von Ralf Alleweldt und Guido Fickenscher, 7–20. Heidelberg: Springer.

Crawshaw, Ralph, Barry Devlin und Tom Williamson. 1998. *Human Rights and Policing*, The Hague: Kluwer Law.

Enns, Fernando. 2013. Gerechter Friede zwischen Interventionsverbot und Schutzgebot. In *Menschen geschützt – gerechten Frieden verloren?*, hrsg. von Ines-Jacqueline Werkner und Dirk Rademacher, 95–109. Münster: LIT.

Hagedorn, Axel. 2011. Absolute Immunität der Vereinten Nationen? – Der Völkermord von Srebrenica als Lackmustest. In *Heutige bewaffnete Konflikte als Herausforderungen an das heutige humanitäre Völkerrecht*, hrsg. von Hans-Joachim Heintze und Knut Ipsen, 201–211. Heidelberg: Springer.

Larsen, Kjetil M. 2012. *The Human Rights Obligations of Peacekeepers.* Cambridge: Cambridge University Press.

Melzer, Nils. 2010. Conceptional Distinction and Overlaps Between Law Enforcement and the Conduct of Hostilities. In *The Handbook of the*

International Law of Military Operations, hrsg. von Terry D. Gill und Dieter Fleck, 33–49. Oxford: Oxford University Press.
Nolte, Georg. 1999. *Eingreifen auf Einladung*. Heidelberg: Springer.
Quattlebaum, Megan, Tracey Meares und Tom Tyler. 2018. *Principles of Procedurally Just Policing*. Yale: The Justice Collaboratory at Yale School.
Schlabach, Gerald W. 2011. „Just Policing" – die Frage nach der (De-)Legitimierung des Krieges muss nicht kirchentrennend bleiben. Lernerfahrungen aus dem mennonitisch-katholischen Dialog. *Ökumenische Rundschau* (1): 66–79.
Sebastian, Sofia. 2015. *The Role of Police in UN Peace Operations. Filling the Gap in the Protections of Civilians from Physical Violence*. Washington: Stimson Center.
Thorn, Judith. 2018. United Nations Police Missions and Human Rights. In *The Police and Human Rights Law*, hrsg. von Ralf Alleweldt und Guido Fickenscher, 245–278. Heidelberg: Springer.
United Nations, Department of Peacekeeping Operations (DPKO). 2008. *Principles and Guidelines*. New York: United Nations.
United Nations, Department of Peacekeeping Operations (DPKO). 2010. *Training for all UN Peacekeeping Personnel* (UN-Dok. PK/G/2010.20). New York: United Nations.

Just Policing im Lichte des Konzeptes „Frieden durch Recht"

Heinz-Gerhard Justenhoven

1 Einleitung

„Frieden durch Recht" als zentrales Konzept im Leitbild des gerechten Friedens geht im Kern davon aus, dass ein einigermaßen friedliches Zusammenleben in menschlichen Gesellschaften am geeignetsten durch eine Rechtsordnung erreichbar ist, die auf einem breit geteilten Konsens der betroffenen Menschen beruht.

Der folgende Beitrag setzt sich aus der Perspektive des Konzeptes „Frieden durch Recht" mit dem Ansatz des Just Policing auseinander. Die Debatte über Just Policing wird wohlwollend kritisch geführt: Wohlwollend ist sie, weil die dem Konzept zugrunde liegende ethische Forderung der Überwindung des Krieges und die christlich motivierte Suche nach konkreten politischen Schritten zur Überwindung geteilt werden. Die kritische Diskussion soll dem Ziel dienen, die politisch-ethischen Realisierungsbedingungen in der Staatengemeinschaft für eine Umsetzung des Just Policing als Alternative zum Militäreinsatz herauszuarbeiten. Die Auseinandersetzung stützt sich wesentlich auf die Vorarbeiten von Ines-Jacqueline Werkner (2018; vgl. auch ihren Beitrag in diesem Band) ab.

Hier wird die These vertreten, dass Just Policing, von Gerald Schlabach (2007) als Alternative zu militärischen Interventionen konzipiert, die Entstehung funktionierender internationaler (Rechts-)Institutionen im Rahmen eines Weltinnenpolitik-Konzeptes voraussetzt. Rechtsordnungen, so hat die Erfahrung gelehrt, funktionieren aber nicht ausschließlich aufgrund der Tugendhaftigkeit ihrer Bürgerinnen und Bürger – auch wenn sie darauf angewiesen sind –, sondern auch durch die Unterbindung von Trittbrettfahrern, die die Rechtstreue des Gros der Bevölkerung ausnutzen und Rechtsregeln zum eigenen Vorteil unterlaufen. Der Beitrag argumentiert, dass auch auf der Ebene der Weltgemeinschaft eine internationale Polizei mit der Aufrechterhaltung und gegebenenfalls der Durchsetzung einer menschenrechtsbasierten öffentlichen Ordnung zu beauftragen ist (vgl. auch Werkner 2018, S. 132). Damit würde Just Policing mit konzeptionellen Voraussetzungen versehen, die derzeit noch nicht existieren, aber normativ begründbar und dann auch zu fordern sind.

Bereits derzeit können internationale Polizeikräfte zielführender als das Militär zur Gewaltüberwindung und Stabilisierung in einer von Gewalt bedrohten Gesellschaft eingesetzt werden, wenn das Gewaltpotenzial in angemessener Relation zu den gewaltüberwindenden Mitteln der Polizei steht. Grundlage eines solchen Polizeieinsatzes ist jedoch, dass ein größerer Anteil der Bevölkerung offen für eine gewaltlose Konfliktbearbeitung ist. Gewaltkonflikte jenseits dieser Voraussetzungen sind durch den Einsatz internationaler Polizeikräfte nicht bearbeitbar.

Ausgangspunkt der Entfaltung dieser These ist eine kurze bibeltheologische Verortung des Themas. Aus dieser lassen sich allerdings keine unmittelbaren theologisch-ethischen Argumente für eine ethische Auseinandersetzung mit Just Policing gewinnen.

Im Lichte des Ansatzes „Frieden durch Recht"

Daher thematisiert der Beitrag im Horizont der biblischen Aussagen in einem zweiten Schritt die relevanten rechtsethischen Fragen nach der Bedeutung des Rechts für ein friedliches Zusammenleben und die strukturelle Überwindung von Gewalt. Für eine ethische Bewertung des Just Policing betrachtet er den Stand der Herrschaft des Rechts zwischen den Staaten und analysiert die Rechtsdurchsetzung mittels Polizeigewalt. In diesem Rahmen erfolgt dann eine ethische Bewertung des Vorschlags eines Just Policing als Alternative zu militärischen Interventionen.

2 Die biblische Forderung einer strukturellen Überwindung der Gewalt

Der bibeltheologische Rahmen der nachfolgenden Überlegungen wird durch die Forderung des Gewaltverzichts vorgegeben, aus der sich die unbedingte Aufforderung ergibt, an der strukturellen Überwindung der Gewalt zu arbeiten. Meist wird auf die Bergpredigt des Evangelisten Matthäus oder die Feldrede des Evangelisten Lukas verwiesen. Dort preist Jesus diejenigen selig, die „keine Gewalt anwenden" oder „die Frieden stiften" und verlangt: „Ihr aber sollt eure Feinde lieben" (Mt 5,44). Er spitzt zu:

> „Ihr habt gehört, dass zu den Alten gesagt worden ist: *Du sollst nicht töten;* wer aber jemand tötet, soll dem Gericht verfallen sein. Ich aber sage euch: Jeder, der seinem Bruder auch nur zürnt, soll dem Gericht verfallen sein" (Mt 5,21-22).

Jesus radikalisiert die im Judentum seiner Zeit bekannten ethischen Forderungen. Er spricht in der Bergpredigt, seiner programmatischen Grundsatzrede, nicht nur seine Jünger an, sondern richtet sich an alle, die ihm zuhören wollen. Damit lässt sich die Forderung nach Gewaltlosigkeit nicht auf ein Ethos für Auserwählte reduzieren, das für den Alltag der meisten Menschen nicht taugt. Jesu Forderungen bleiben sperrig. Wie also damit umgehen, wenn es doch offenkundig Gewalt und massives Unrecht gibt? Soll man zuschauen, wenn Dritte Gewalt erleiden? Sollen wir – wie es Brüdergemeinden der Friedenskirchen immer wieder praktiziert haben – dem Gewalttätigen die Wange hinhalten und die ungerechten Schläge einstecken (vgl. Weinland 1996)? Gewaltüberwindung durch das Erdulden von Gewalt erscheint mir nur in dem Fall richtig, wenn die Aussicht auf die Umkehr des Gewalttäters gegeben ist (vgl. Theißen 2000, S. 133). Als strukturelle Antwort und für den Fall, dass Gewalttäter eher zu weiterer Gewalt ermutigt werden und im Fall, dass Dritte betroffen sind, halte ich das Erdulden der Gewalt nicht für die sittlich vorzugswürdige Handlung. „Tatsächlich lehrt Jesus uns aber nicht die Unterwerfung unter das Böse, sondern die Weigerung, dem Bösen mit seinen Mitteln zu begegnen", so Walter Wink (2014, S. 91). Die politisch-ethische Herausforderung besteht so in einer strukturellen Überwindung der Gewalt, die einen gewaltlosen Konfliktaustrag ermöglicht.

In den derzeitigen kirchlichen Dokumenten versuchen die beiden Großkirchen in Deutschland dies durch den programmatischen friedensethischen Ansatz „Frieden durch Recht" zu übersetzen (Die deutschen Bischöfe 2000, Ziff. 64; EKD 2007, Ziff. 85ff.). Dabei handelt es sich nicht um einen Frieden im Vollsinne des biblischen Schalom, aber doch um politische Rahmenbedingungen, die ein menschenwürdiges Leben ermöglichen können. Über diesen politisch-ethischen Ansatz hinaus ist jede einzelne Christin und jeder einzelne Christ wie die Kirchen als Organisation aufgerufen, aus dem Geist der Nachfolge Jesu heraus humanitäre Defizite aufzuspüren und sich für ein Mehr an Humanität unterschiedslos für alle Menschen über das derzeit scheinbar Realisierbare hinaus einzusetzen. Hoffnung und Mut für solchen Einsatz finden Christinnen und Christen in den Zusagen Jesu, alle Tage bei ihnen zu bleiben (Beginn des Reiches Gottes) und in der Ankündigung seiner Wiederkunft (Vollendung des Reiches Gottes). So lässt sich aus dem Glauben an Jesus Christus heraus die unfriedliche Wirklichkeit verändern. Zu der Forderung nach Überwindung der Gewalt, die keine christliche Binnenethik ist, gehört dann auch das Universalisierungsgebot. Ausgangspunkt des christlichen Engagements und Nachdenkens über den Frieden ist die an alle Menschen gerichtete Botschaft Jesu Christi, die immer nur vor dem Hintergrund des jüdischen Glaubens zu verstehen ist: Alle, die menschliches Antlitz tragen, sind als Geschöpfe Gottes gleich. Christus weist einen für alle Menschen offenen neuen Weg zu Gott, dessen Kern eine größere Humanität im Angesicht des gütigen Gottes ist. Dort, wo die Humanität praktiziert wird, die Christus vorgelebt hat, können Menschen wirklich friedlich und in wechselseitigem Respekt miteinander umgehen. Der Grundgedanke des Lebens Jesu ist, dass wir Gott alles verdanken. Mit anderen Worten: Jesus nachzufolgen bedeutet die Selbstlosigkeit Gottes leben können, weil wir uns in Gottes Hand gehalten wissen. Diese Selbstlosigkeit praktiziert Jesus bis hin zu seinem Tod am Kreuz und wird darin von Gott-Vater so radikal bestätigt, dass er ihn aus dem Tod holt. Das ist der Kern des Glaubens an die Auferstehung (vgl. Knauer 1991). Jesus selbst geht es vor allem und zuerst um das Verhältnis des Menschen zu Gott, nicht um eine Um- beziehungsweise Neugestaltung der politischen Verhältnisse: „Mein Reich ist nicht von dieser Welt" (Joh 18,36). Auch in dem berühmten Diktum „Gebt dem Kaiser, was des Kaisers ist, und Gott, was Gottes ist" (Mt 22,21) wird Jesu Fokussierung auf die Gottesverehrung deutlich.

Das neue Verhältnis der gläubigen Menschen zu Gott hat Auswirkungen auf ein neues Verhältnis der Menschen untereinander. Davon ist die junge Kirche überzeugt und dazu mahnt Paulus die Gemeinde in Rom (Röm 14,19). Mit dem Wachsen der frühen

Kirche stellt sich zu Beginn des 3. Jahrhunderts die Frage nach der Verantwortung auch für öffentliche Angelegenheiten weit über die Gemeinden hinaus. Christen befassen sich zunehmend mit Fragen der Politik und nehmen an politischen Entscheidungen teil; die Schriften Tertullians beispielweise legen davon ein beredtes Zeugnis ab.

3 Kirchliche Forderungen einer strukturellen Überwindung von Gewalt

Nach den Erfahrungen des massenhaften Tötens im Ersten Weltkrieg hat Papst Benedikt XV. nicht nur seit 1914 immer wieder zu einem Ende des Krieges aufgerufen, sondern 1917 auch einen eigenen Plan für eine „Vereinigung der Völker" und ein internationales Gericht vorgelegt. Sein Friedensplan, der durchaus Überschneidungen zu Präsident Wilsons 14-Punkte-Plan zur Gründung des Völkerbundes aufweist, dient dem Ziel der strukturellen Überwindung des Krieges: Die Staaten sollen in Zukunft ihre Konflikte, die sie alleine nicht durch Verhandlungen lösen können, auf der Basis internationalen Rechts verpflichtend und verbindlich vor einem Internationalen Schiedsgerichtshof regeln. Die Solidarität des Völkerbundes soll dann jeden potenziell aggressiven Staat von der gewaltsamen Durchsetzung seiner Interessen abschrecken. Auf dieser Linie bewegt sich dann auch Papst Pius XII. 1944 mit seinen Überlegungen für einen „neuen Völkerbund" und zu einer Stärkung des internationalen Rechts. Schließlich entfaltet die Friedensenzyklika *Pacem in Terris* (1963) von Papst Johannes XXIII. in der Kubakrise auf dem Höhepunkt des Kalten Krieges ihre Wirkung. Vergleichbare Überlegungen und Initiativen gibt es auch aus anderen christlichen Kirchen. In den beiden Großkirchen in Deutschland und in weiteren Ländern werden sie

Im Lichte des Ansatzes „Frieden durch Recht"

in unterschiedlichen Denkschriften und Bischofsworten auf die jeweilige Situation hin weitergedacht. In diesen kirchenoffiziellen Stellungnahmen spielt die Forderung nach der Herrschaft des Rechts, das heißt der Herstellung von Frieden durch Recht, eine zentrale Rolle. So widmet die Denkschrift des Rates der Evangelischen Kirche in Deutschland von 2007 dem Thema ein eigenes Kapitel (vgl. EKD 2007, Kap. 3). Darin wird die These vertreten, dass

> „das Leitbild des gerechten Friedens zu seiner Verwirklichung auf das Recht angewiesen [ist}. Es ist deshalb zu konkretisieren in Institutionen, Regeln und Verfahren eines international vereinbarten Rechtszustandes, der friedensethischen Anforderungen genügt" (EKD 2007, Ziff. 85).

Ähnlich argumentiert das katholische Friedenswort „Gerechter Friede" (Die deutschen Bischöfe 2000, Ziff. 64). Ihre detaillierten rechtsethischen Überlegungen entwickeln die kirchlichen Texte in Anlehnung an und Auseinandersetzung mit rechtsethischen Debatten des Völkerrechts und der (Rechts-)Philosophie. Im Folgenden werden diese in kirchlichen Dokumenten an vielen Stellen zu findenden rechtsethischen Aussagen systematisch expliziert.

4 Strukturelle Gewaltüberwindung durch eine internationale Rechtsordnung

Sicherheit ist eine Voraussetzung für den Frieden in einer menschlichen Gemeinschaft. Unter Sicherheit wird ein grundlegender Schutz vor physischer Gewalt verstanden als Grundlage der Unversehrtheit der menschlichen Person. Sicherheit in einer menschlichen Gemeinschaft entsteht nicht natürlicherweise, sondern bedarf eines gemeinschaftlichen Willens. Der natürliche Zustand ist vielmehr derjenige der Erfahrung der latenten Unsicherheit und Gefährdung von Leib und Leben des Individuums. Hinter dieser These steckt die Grunderfahrung der Menschheit, dass die Kontingenz der Existenz, die Knappheit der Ressourcen und die gegensätzlichen Interessen und Positionen unvermeidlich zu Konflikten führen, die jederzeit auch gewaltsam eskalieren können. Die Lösung des Sicherheitsproblems besteht nicht in der Konfliktvermeidung; dies ist Menschen als kontingente Wesen nicht nur nicht möglich: Konflikte zählen vielmehr zu den Konstitutiva menschlicher Gesellschaften. Wie die moderne Soziologie aufgezeigt hat, ist eine aus Konflikten erwachsene produktive Ideenkonkurrenz einer jeden Gesellschaft förderlich. Ralf Dahrendorf (1986, S. 272) fasst folgendes Fazit:

> „Es ist meine These, dass die permanente Aufgabe, der Sinn und die Konsequenz sozialer Konflikte darin liegt, den Wandel globaler Gesellschaften und ihrer Teile aufrechtzuerhalten und zu fördern."

Die ethische Herausforderung besteht angesichts dieses Befundes vielmehr in einem humanen Umgang mit Konflikten, das heißt in der Suche nach Mechanismen zur Regelung von Konflikten, die jeden Versuch gewaltsamer Durchsetzung von Partikularinteressen überflüssig macht beziehungsweise unterbindet.

Eine erste Antwort auf diese Herausforderung ist seit alters her die Einführung einer Rechtsordnung, wie die ältesten bekannten Rechtsbücher aus dem Orient (vgl. Borger et al. 1982) wie auch die Entstehung des griechischen und römischen Rechts belegen (vgl. Meder 2014). Es werden Regeln für eine Gemeinschaft – im Konsens oder durch einseitige Erklärung der beziehungsweise des Herrschenden – aufgestellt, auf deren Basis Konflikte entschieden werden und deren Geltung gegebenenfalls durchgesetzt werden muss. Justitia ist – nicht nur begrifflich – eine frühe Grundlage des Begriffs des Rechts: Solche Regeln werden erst durch ihre Orientierung an Gerechtigkeit zum Recht.

Im Lichte des Ansatzes „Frieden durch Recht"

Der aus dem griechisch-römischen Erbe übernommene und christlich interpretierte Naturrechtsgedanke fügt seit der Spätantike dem Rechtsgedanken eine bedeutsame Erweiterung bei: Wesentliche moralische Grundlagen des Rechts sind dem Menschen unverfügt und vorgegeben, insofern der Schöpfer sie der Ordnung des Kosmos grundgelegt hat (vgl. Tuck 1981). Mit der Menschenrechtstradition wird heute der Sache nach an diesen Gedanken angeschlossen (vgl. Haratsch 2010). Die Neuzeit verändert den Rechtsbegriff durch zwei wesentliche Weiterentwicklungen: Vor dem Recht sind alle gleich und jeder Mensch ist als Rechtsgenosse Teil der Gemeinschaft, die das Recht hervorbringt. Als Projekt der Befreiung des Individuums steht die Aufklärung vor dem moralischen Dilemma, Freiheitseinschränkung als unvermeidbare Konsequenz der Rechtsgeltung begründen zu müssen: Darf man freie Personen unter Umständen zwingen, sich dem Recht – als Garant ihrer Freiheit – zu unterwerfen, dass sie in der Konsequenz einem Recht zuzustimmen haben, auch wenn sie es nicht wollen? Die letzte Konsequenz ist die Freiheitseinschränkung bis zur Freiheitsberaubung des Unrechtstäters durch das Strafrecht im Namen der Gewähr der Freiheit für alle.

Die Begründung für die Legitimität der Freiheitseinschränkung des Unrechtstäters leistet die Rechtsphilosophie durch das Gedankenexperiment des sogenannten Naturzustands (vgl. Höffe 1989, S. 289ff.): Im Naturzustand, dem vorstaatlichen, rechtsfreien Zustand hat jeder Mensch die völlige ungezügelte oder anarchische Freiheit, alles zu tun, was der Einzelne will. Selbst wenn ein Einzelner aus Rücksicht auf seine Mitmenschen darauf verzichten wollte, ist er immer gefährdet, da er nie wissen kann, ob andere sich auch so oder rücksichtslos verhalten. Die ungezügelte Freiheit der freien Wildbahn („Naturzustand") ist in Wirklichkeit eine prekäre, immer gefährdete Freiheit, da jeder völlig Freie den anderen die gleiche Haltung unterstellen muss. Folglich sind Leib, Leben und

Eigentum immer gefährdet und nie sicher. Wenn aber Werte wie das Überleben, die die Freiheit erst ermöglichen, gefährdet sind, ist die „völlige Freiheit" eine Fiktion. Freiheit wird erst möglich, wenn sie von allen übrigen potenziellen Freiheitsgefährdern in der Weise anerkannt wird, dass wechselseitig auf ihre Bedrohung verzichtet wird. Erst dieser Verzicht auf die ungezügelte Freiheit und das Einverständnis in die Begrenztheit der Freiheit ermöglichen eine wechselseitig zugesicherte Freiheit des Individuums. Dieser wechselseitige Freiheitsverzicht ist auch im wohlverstandenen Interesse derjenigen, die dazu möglicherweise nicht bereit sind. Denn der Verzicht auf ungezügelte zugunsten gesicherter Freiheit ist die Voraussetzung auch für die Freiheit der Uneinsichtigen und Trittbrettfahrer. Durch den Zwang geschieht ihnen also kein Unrecht. Erst wenn sich alle Beteiligten unter gemeinsam vereinbarte Regeln – das Recht – stellen, ist gesicherte Freiheit möglich.

Unter einer Rechtsordnung verstehen wir im demokratischen Rechtsstaat ein Regelwerk, das sich eine Gesellschaft unter Beteiligung aller Rechtsgenossen (Prinzip Gerechtigkeit) gegeben hat, um ihre Freiheit zu sichern. Die Rechtsordnung orientiert sich an fundamentalen (Vor-)Gegebenheiten des Menschseins, die in den elementaren Menschenrechten ausbuchstabiert sind. Dieser Grundgedanke notwendiger Freiheitseinschränkung als Voraussetzung für gesicherte Freiheit lässt sich ebenso auf die Staatenwelt übertragen: Ungezügelte Souveränität, die Freiheit alles zu tun, was ein Staat will, bringt unausweichlich ein System internationaler Anarchie hervor mit existenziellen Gefährdungen für alle beteiligten Staaten, gegen die sie sich schützen müssen, wie Hans J. Morgenthau (1963, S. 80ff.), der Begründer des politischen Realismus, luzide herausgearbeitet hat.

5 Zum Ort der Polizeigewalt in einer Rechtsordnung

Recht lebt von der Akzeptanz der Rechtsordnung durch die Rechtsgenossen, das heißt der Bürgerinnen und Bürger der betroffenen Gesellschaft, nicht von der Rechtsdurchsetzung. Wird das Recht von den Bürgerinnen und Bürgern nicht mehr akzeptiert, erodiert es und ist dann auch nicht mehr durchsetzbar. Bei aller Akzeptanz des Rechts sind Konflikte jedoch unvermeidbar: sowohl in der Frage, welche Rechtsregel im Zweifel Anwendung zu finden hat, als auch darin, wie unter Berücksichtigung der allgemeinen Rechtsregel im konkreten Einzelfall zu entscheiden ist.

Konflikte werden auf der Basis des Rechts entschieden, wenn sich die Konfliktparteien alleine nicht einigen können: durch Mediation und vor einem (Schieds-)Gericht mit dem Ziel, dass beide Konfliktparteien möglichst durch Einsicht zu einer friedlichen Regelung ihres Konfliktes kommen. Polizeiliche Gewalt kommt in funktionierenden Rechtsstaaten dort ins Spiel, wo gegen bestehendes Recht verstoßen oder gerichtliche Entscheidungen nicht umgesetzt werden. Abhängig von der Schwere des Verstoßes darf um des Schutzes der Bürgerinnen und Bürger wie der Rechtsordnung willen nur verhältnismäßige Gewalt eingesetzt werden (vgl. Rutkowsky 2017, S. 86f.). Dies kann im Fall der Bekämpfung von Schwerstkriminalität (Rockerbanden, organisierte Kriminalität, Geiselnahmen, Terroranschläge etc.) und in begründeter Weise auch durch Gegengewalt geschehen. Die Durchsetzung des staatlichen Gewaltmonopols unter Umständen auch mit entsprechender polizeilicher Gegengewalt hat sich am Ziel friedlicher Konfliktregelung zu orientieren. Sie unterbindet die einseitige gewaltsame Durchsetzung partikularer Interessen und schützt damit das Gemeinwohl. Sie unterbindet einseitige gewaltsame Durchsetzung partikularer Interessen und schützt so den kollektiven Verzicht der Bürgerinnen und Bürger, Partikularinteressen mit Gewalt durchzusetzen, und erhält so ihre wechselseitige gesicherte Freiheit.[1]

Recht dient auf diese Weise in einem funktionierenden Rechtsstaat der Ermöglichung von Frieden in einer Gemeinschaft. Eine Rechtsordnung bedarf der Institutionen, die die Schaffung des Rechts unter Beteiligung aller Rechtsgenossen sicherstellen (Parlamentarismus), im Bedarfsfall Konflikte autoritativ entscheiden (Justiz) und Recht durchsetzen, im äußersten Fall durch die Anwendung proportionaler Gewalt (Polizei). Polizeiliche Gewalt setzt eine funktionierende „Herrschaft des Rechts" voraus und dient ihrer Aufrechterhaltung.

6 Rechtsethische Defizite des internationalen Rechts

Die oben dargelegten Thesen gelten als ethische Forderung sowohl für die staatliche als auch für die globale Gemeinschaft. Anders als in einem funktionierenden Rechtsstaat bleibt die Wirklichkeit in der Staatengemeinschaft deutlich dahinter zurück. Umso mehr gilt es, die ethischen Desiderata zu benennen und nach den Konsequenzen für das Verhältnis von Frieden und Sicherheit zu fragen.

In der UN-Charta haben sich die Staaten zum Gewaltverzicht und zur friedlichen Konfliktregelung verpflichtet; das ist geltendes internationales Recht. Der Internationale Gerichtshof sowie der Internationale Schiedsgerichtshof sind die für die Regelung von zwischenstaatlichen rechtlichen Konflikten vorgesehenen Instrumente. Politische Konflikte wollten die Staaten nur auf freiwilliger

---

1 Nur angemerkt sei, dass die Akzeptanz der (Rechts-)Ordnung auch wesentlich daran hängt, dass in ihr ein Minimum an sozialer Gerechtigkeit realisiert wird.

Basis der internationalen Gerichtsbarkeit unterwerfen. Daher muss aus einer ethischen Perspektive die internationale Gerichtsbarkeit zu einem Ort verpflichtender Konfliktregelung weiterentwickelt werden (vgl. Justenhoven 2006, S. 231ff.). Derzeit mangelt es ihr an Unparteilichkeit und Effektivität: Es hängt von der Willkür vor allem der mächtigen Staaten ab, ob sie Konflikte auf dem Rechtswege zu lösen suchen. Ebenfalls obliegt die Befolgung der rechtlichen Entscheidungen dem Wohlwollen der Staaten, womit eine unparteiliche Durchsetzung der Entscheidungen nicht gewährleistet ist.

Aufgabe des UN-Sicherheitsrates ist es, den Bruch des Gewaltverbots zu unterbinden, indem sich die Staatengemeinschaft als institutionell verfasste „Vereinte Nationen" solidarisch gegen einen Aggressor stellt. Es muss hier nicht weiter hervorgehoben werden, dass der UN-Sicherheitsrat bislang hinter seinen Verpflichtungen zurückbleibt. Hier ist besonders auf das Problem der mangelnden Unparteilichkeit des UN-Sicherheitsrates hinzuweisen. Die fünf ständigen Mitglieder können durch ihr Veto ein Handeln des Sicherheitsrates dort unterbinden, wo es ihren Partikularinteressen zuwiderläuft. Das „natürliche Selbstverteidigungsrecht" (UN-Charta Art. 51) gilt nur so lange, bis der Sicherheitsrat den Bruch des Weltfriedens feststellt und Maßnahmen beschließt. Damit ist das staatliche Selbstverteidigungsrecht konditioniert, die eigentliche Aufgabe der Abwehr eines „Bruchs des Weltfriedens" soll von dem UN-Sicherheitsrat im Auftrag der internationalen Gemeinschaft wahrgenommen werden.

UN-mandatierte „robuste Militäreinsätze" gegen Staaten, die gegen das Gewaltverbot verstoßen oder in gravierender Weise internationales Recht brechen, werden nicht direkt von den Vereinten Nationen geführt. Anders als in der Charta vorgesehen gibt es bis heute keinen UN-Generalstab. Daher unterliegen solche UN-mandatierten Einsätze dem meist nicht unbegründeten Verdacht, dass die intervenierenden Staaten primär ihre eigenen

Partikularinteressen verfolgen und bestenfalls sekundär die der Gemeinschaft (vgl. Beestermöller 2003). Wie die Debatte und die entsprechenden UN-Resolutionen um die *Responsibility to Protect* gezeigt haben, bildet sich in der internationalen Gemeinschaft ein Konsens heraus, dass schwerste Menschenrechtsverletzungen wie Genozid oder ethnische Säuberungen nicht hingenommen werden dürfen, sondern die Staatengemeinschaft zum Handeln zwingen. Was das im Detail heißt, ist umstritten, aber hier zeigt sich eine gewisse Analogie zu Kapitalverbrechen im innerstaatlichen Bereich: Völkermord ist ein Verbrechen, das die Gemeinschaft als Ganzes tangiert und sie um ihrer grundlegenden Werte willen zum Handeln zwingt. So wird Souveränität in der neueren völkerrechtlichen Debatte als Schutzverpflichtung des Staates gegenüber seinen Bürgerinnen und Bürgern verstanden, die auf die internationale Gemeinschaft übergeht, wenn dieser dazu nicht fähig oder willens ist. Das internationale Recht macht damit einen weiteren Schritt vom zwischenstaatlichen Recht zu einem wirklichen Recht der internationalen Gemeinschaft, in deren Fokus das Individuum steht (vgl. Cohen 2014, S. 15ff.).

Das internationale Recht hat seit dem Beginn des 20. Jahrhunderts drei entscheidende Weiterentwicklungen durchlaufen, die für unser Thema relevant sind: Erstens anerkennen die Staaten einander wechselseitig als Rechtsgenossen, als souveräne Gleiche, sukzessive auch die asiatischen und afrikanischen Staaten. Zweitens wird aus dem zwischenstaatlichen Vertragsrecht ein internationales Recht, das verpflichtende Elemente enthält, die unabhängig von der Zustimmung die Staaten binden (*ius cogens*) wie das Kriegsverbot. Drittens bilden elementare Menschenrechte die zunehmend akzeptierte normative Basis der internationalen Rechtsordnung, wie die Debatte um die *Responsibility to Protect* zeigt. Bei aller positiven Bewertung der Völkerrechtsentwicklung befassen sich die kirchlichen Texte mit dem Problem unparteilicher

Durchsetzung des internationalen Rechts. Während die evangelische Denkschrift von 2007 sie eher als legitime Gewaltanwendung der Einzelstaaten thematisiert (vgl. EKD 2007, Ziff. 98ff), geht das katholische Friedenswort „Gerechter Friede" einen Schritt weiter:

> „Die Idee der staatenübergreifenden Selbstbindung hat auch das politische Denken der Neuzeit stark beeinflusst. Verknüpft man sie mit dem Gedanken des Weltgemeinwohls, dann ergibt sich die Forderung einer internationalen Rechtsordnung mit Strukturen, die es ermöglichen, das Recht durchzusetzen" (Die deutschen Bischöfe 2000, Ziff. 64).

7 Just Policing – eine Option internationaler Gewaltüberwindung?

Nur in einem funktionierenden internationalen Rechtssystem, das eine verpflichtende Konfliktlösung für alle zwischenstaatlichen Konflikte und eine unparteiische Durchsetzung des internationalen Rechts einschließt, ist der Begriff des Just Policing sinnvoll. Der Einsatz von Gewalt ist unparteiisch und strikt auf die Durchsetzung internationalen Rechts zu begrenzen. In allen vergleichbaren Fällen muss vergleichbar gehandelt werden; das Ziel ist jeweils kein Partikularinteresse, sondern die gemeinwohlorientierte Rechtsordnung. Anders ausgedrückt: Just Policing setzt eine Gemeinschaft voraus, in der die Herrschaft des Rechts existiert. Dieses Ziel politisch umzusetzen, ist eine ethische Forderung, für die die Kirchen (weiterhin) eintreten sollten.

Wie oben gezeigt wurde, bestehen Defizite im Blick auf die Rechtsprechung und Rechtsdurchsetzung. Die Staaten haben sich (noch) nicht verpflichtet, ihre politischen Konflikte verbindlich auf der Basis des Rechts zu lösen. Die solidarische und unparteiliche Abwehr des Gewaltverbots durch den UN-Sicherheitsrat als erster

Schritt einer Durchsetzung internationalen Rechts ist uneffektiv und nicht zuverlässig unparteiisch. Gesicherte Freiheit durch eine funktionierende Rechtsordnung gibt es zwischen den Staaten also noch nicht, auch wenn Annäherungen an diese ethisch geforderte Entwicklung beschreibbar sind. Die in der UN-Charta vertraglich vereinbarte Regelung zum Gewaltverzicht zwischen Staaten, zur friedlichen Regelung von Konflikten und zur Abwehr eines Bruchs des Friedens durch einen Aggressor funktioniert nur auf freiwilliger Basis. Allerdings setzen sich gerade große Mächte ungehindert über dieses geltende internationale Recht hinweg, wenn es um die Durchsetzung „vitaler" Interessen geht.

Solange es kein funktionierendes internationales Rechtssystem gibt, ist im Falle zwischenstaatlicher Auseinandersetzung die Rede von einer internationalen Polizeigewalt als Ersatz für militärische Gewalt zumindest irreführend. Die ungelösten Probleme militärischer Gewalt in der Staatenwelt, in der die Anarchie erst ansatzweise überwunden ist, werden durch den Begriff des Policing überdeckt: Die Probleme ungezügelter Gewalt liegen nicht primär im Mittel des Militärs oder der Polizei, sondern in der nicht überwundenen Anarchie des Systems und im mangelnden gemeinschaftlichen Willen der Staaten. Die EU ist ein Beispiel dafür, dass primär die Staatenanarchie durch die Herrschaft des Rechts überwunden werden muss, damit auch im EU-Binnenverhältnis Militär überflüssig werden kann. In Europa hat „das Rechtsstaatsprinzip das primitive Wechselspiel der Macht ersetzt. [...] Die Machtpolitik hat ihren Einfluss verloren" (Kagan 2003, S. 71). So konstatiert der vormalige EU-Ratspräsident Romano Prodi: „Indem wir die Integration vollenden, geben wir der Welt das gelungene Beispiel für eine Methode des Friedens" (zit. nach Kagan 2003, S. 71).

Im Blick auf die zwischenstaatliche Gewaltanwendung sollte in der Zwischenzeit die ethische Forderung stark gemacht werden, dass sich jegliche Anwendung militärischer Gewalt erstens am Frieden zwischen den Staaten und deshalb zweitens am übergeordneten Ziel einer Weiterentwicklung der internationalen Rechtsordnung zu orientieren hat. Im Kern bedeutet dies beispielsweise, die Reform der Vereinten Nationen im Sinne der *Agenda for Peace* des damaligen UN-Generalsekretärs Boutros Boutros-Ghali (1992, S. 1130ff.) voranzutreiben.

8 Just Policing – eine Option für Post-Konfliktgesellschaften?

Internationale Polizeikräfte haben gegenüber dem Militär in der Friedenssicherung innerhalb von Staaten nach einem Bürgerkrieg beziehungsweise in einem fragilen oder zerfallenen Staat den Vorzug, dass sie auf Rechtsdurchsetzung trainiert und dies in der Anwendung ihrer Mittel zu berücksichtigen gewohnt sind. Polizeikräfte sind auf den Schutz des Rechts und seiner Durchsetzung in einem funktionierenden Staat verpflichtet. Weil und insofern die Rechtsordnung dem Schutz der Bürgerinnen und Bürger dient, hat sich polizeiliche Gewalt an diesem Ziel zu orientieren. Das begründet und begrenzt die Legitimität polizeilicher Gewalt. Es bleibt das ethische Problem, dass polizeiliche Gewalt im Ernstfall nicht nur Gewalttäterinnen und -täter, die die Rechtsordnung brechen, sondern auch zufällig dabeistehende Unbeteiligte treffen kann und trifft. Während polizeiliche Gewalt im Regelfall schon in geringer Dosierung, zum Beispiel durch ihre schlichte Präsenz, die gewünschte Wirkung hervorbringt, gibt es jedoch auch andere Herausforderungen: So stellte die zunehmende Bewaffnung krimineller Banden aus Osteuropa nach der Öffnung der Grenzen 1989 zum Beispiel mit automatischen Waffen die normale Schutzpolizei vor unlösbare Aufgaben; Hochrüstung auf Seiten der Polizei war die unausweichliche Folge, wollte der Rechtsstaat die Straße nicht der Kriminalität überlassen. Das Maß der Gewalt auf Seiten der Polizei zum Schutz der Bürgerinnen und Bürger vor Gewalt und die gegebenenfalls erforderliche Durchsetzung des Rechts ist also abhängig vom Gewalteinsatz derer, die sich ihr entgegenstellen.

Dies gilt nun auch und insbesondere bei Interventionen in zerfallenen oder fragilen Staaten, in denen die mangelnde Sicherheit der Bürgerinnen und Bürger ein zentrales Problem ist. Polizeikräfte können durch ihre Orientierung am Schutz des einzelnen Bürgers dann eine größere Wirkung als das Militär erzielen, wenn eine Friedensvereinbarung besteht und beispielsweise *Warlords* ebenfalls ein Interesse daran haben, dass Sicherheit hergestellt wird, um ihre Machtstellung nicht zu gefährden (vgl. Lederach 2007, S. 183). Wenn das nicht der Fall ist, weil ein grundlegender politischer Konflikt die Gewalteskalation hervorgebracht hat wie zum Beispiel in Mali (vgl. Justenhoven 2015, S. 179ff.), erreichen Polizeikräfte schnell die Grenzen ihrer Möglichkeiten. Dann bleibt nur die Option, die Polizeikräfte abzuziehen oder sie weiter aufzurüsten.

9 Fazit

In der Diskussion über Just Policing muss also unterschieden werden zwischen einer Situation, in der die meisten Bürgerinnen und Bürger des zerfallenen oder fragilen Staates in dem Streben nach Sicherheit übereinstimmen, oder in der es einen ungelösten politischen Konflikt gibt, der von relevanten Teilen der Bevölkerung mit Gewaltmitteln ausgefochten wird. In einer solchen Situation haben Polizeikräfte – auch Gendarmarien wie die Carabinieri – keine angemessenen Mittel, um Gewalthandlungen zu bearbeiten.

Im Raum steht auch der Vorschlag, Just Policing als „präventives Instrument" auszubauen (vgl. Werkner 2018, S. 136), um im Vorfeld eines bewaffneten Konfliktes eine Eskalation zu verhindern. Diese

Forderung ist prinzipiell richtig. Jedoch darf dabei zweierlei nicht übersehen werden: Zum einen ist die Wirksamkeit davon abhängig, dass sich potenzielle Sicherheitsstörer einbinden beziehungsweise beeindrucken lassen. Zweitens besteht ein Konsens darin, dass die Ursachen von Konflikten derart vielschichtig sind, dass eine zuverlässige Konfliktprävention kaum möglich ist (vgl. Matthies 2011, S. 250ff.). Die Frage also, wann der erforderliche Zeitpunkt für den Einsatz von Polizeikräften zur Vorbeugung einer Eskalation besteht, bleibt auch im Falle eines Höchstmaßes an politischer Klugheit kaum präzise bestimmbar.

Literatur

Beestermöller, Gerhard. 2003. *Krieg gegen den Irak – Rückkehr in die Anarchie der Staatenwelt? Ein kritischer Kommentar aus der Perspektive einer Kriegsächtungsethik.* Stuttgart: Kohlhammer.

Borger, Rykle, Heiner Lutzmann, Willem H. Ph. Römer und Einar von Schuler (Hrsg). 1982. *Texte aus der Umwelt des Alten Testaments, Bd. 1: Rechts- und Wirtschaftsurkunden: Rechtsbücher.* Gütersloh: Gütersloher Verlagshaus.

Boutros-Ghali, Boutros. 1992. Agenda für den Frieden. Bericht des UN-Generalsekretärs Boutros Boutros-Ghali vom 17. Juni 1992. *Blätter für deutsche und internationale Politik* 1992 (37): 1130–1150.

Cohen, Roberta. 2014. From Sovereign Responsibility to R2P. In *The Routledge Handbook of the Responsibility to Protect*, hrsg. von W. Andy Knight and Frazer Egerton, 7–21. London: Routledge.

Dahrendorf, Ralf. 1986. *Pfade aus Utopia. Arbeiten zur Theorie und Methode der Soziologie.* München: Piper.

Die deutschen Bischöfe. 2000. *Gerechter Friede.* Bonn: Sekretariat der Deutschen Bischofskonferenz.

Evangelische Kirche in Deutschland (EKD). 2007. *Aus Gottes Frieden leben – für gerechten Frieden sorgen. Denkschrift des Rates der Evangelischen Kirche in Deutschland.* Gütersloh: Gütersloher Verlagshaus.

Haratsch, Andreas. 2010. *Die Geschichte der Menschenrechte.* Potsdam: Universitätsverlag Potsdam.

Höffe, Otfried. 1989. *Politische Gerechtigkeit: Grundlegung einer kritischen Philosophie von Recht und Staat.* Frankfurt a. M.: Suhrkamp.

Justenhoven, Heinz-Gerhard. 2006. *Internationale Schiedsgerichtsbarkeit. Ethische Norm und Rechtswirklichkeit.* Stuttgart: Kohlhammer.

Justenhoven, Heinz-Gerhard. 2015. Mali vor dem nächsten Krieg? Mangelnde Gemeinwohlorientierung als politische Herausforderung der Befriedung Malis. In *Frankreich, Deutschland und die EU in Mali. Chancen, Risiken, Herausforderungen,* hrsg. von Stefan Brüne, Hans-Georg Ehrhart und Heinz-Gerhard Justenhoven, 179–202. Baden-Baden: Nomos.

Kagan, Robert. 2003. *Macht und Ohnmacht. Amerika und Europa in der neuen Weltordnung.* Berlin: Siedler Verlag.

Knauer, Peter. 1991. *Der Glaube kommt vom Hören. Ökumenische Fundamentaltheologie.* Freiburg i.Br.: Herder.

Lederach, John Paul. 2007. The Doables: Just Policing on the Ground. In *Just Policing, Not War – An Alternative Response to World Violence,* hrsg. von Gerald W. Schlabach, 175–191. Collegeville, Minnesota: Liturgical Press.

Matthies, Volker. 2011. Der schwierige Weg zu einer „Kultur der Prävention": Konzept, Umsetzungsprobleme und Forschungsbedarf. In *Krieg im Abseits. „Vergessene Kriege" zwischen Schatten und Licht oder das Duell im Morgengrauen um Ökonomie, Medien und Politik,* hrsg. vom Österreichisches Studienzentrum für Frieden und Konfliktlösung, 250–265. Wien: LIT Verlag.

Meder, Stephan. 2014. *Rechtsgeschichte. Eine Einführung.* Köln: Böhlau.

Morgenthau, Hans J. 1963. *Macht und Frieden. Grundlegung einer Theorie der internationalen Politik.* Gütersloh: Bertelsmann.

Rutkowsky, Frank. 2017. *„Wir sind die Guten!" Ethik für die Polizei.* Schwarzenbek: Rutkowsky.

Schlabach, Gerald W. (Hrsg). 2007. *Just Policing, Not War. An Alternative Response to World Violence.* Collegeville, Minnesota: Liturgical Press.

Theißen, Gerd. 2000. *Die Religion der ersten Christen: Eine Theorie des Urchristentums.* Gütersloh: Gütersloher Verlagshaus.

Tuck, Richard. 1981. *Natural Right Theories: Their Origin and Development.* Cambridge: Cambridge University Press.
Weinland, Markus. 1996. *Das Friedensethos der Kirche der Brüder im Spannungsfeld von Gewaltlosigkeit und Weltverantwortung?* Stuttgart: Verlag W. Kohlhammer.
Werkner, Ines-Jacqueline. 2018. Just Policing – eine Alternative zur militärischen Intervention? In *Just Policing – eine Alternative zur militärischen Intervention?*, hrsg. von Uta A. Engelmann und Ines-Jacqueline Werkner, 8–166. Karlsruhe: Evangelische Akademie Baden.
Wink, Walter. 2014. *Verwandlung der Mächte: eine Theologie der Gewaltfreiheit.* Regensburg: Pustet.

Just Policing – die notwendige Verortung im weiteren Kontext restaurativer Gerechtigkeit

Fernando Enns

1 Zur Diskussion des Konzeptes Just Policing: Vorbemerkungen und Perspektiven

Einige generelle Beobachtungen seien dem Beitrag an den Anfang gestellt: Wo immer das Konzept des Just Policing als mögliche Alternative zu militärischen Interventionen vorgestellt wird, stößt es zunächst auf reflexartige Abwehrhaltungen. Interessant sind diese Reaktionen, weil sie sich offensichtlich widersprechen: „Das ist völlig unrealistisch!", „Das ist utopisch!", so etwa Aussagen von Politikwissenschaftlerinnen und Politikwissenschaftlern. Andererseits heißt es: „Das machen wir ja längst in der Bundeswehr." Einig sind sich beide Positionen in der spontanen Ablehnung, aber gänzlich uneinig in der Begründung. Entweder ist dieses Konzept tatsächlich als unrealistisch zu bewerten, dann kann es kaum von der Bundeswehr bereits ausgeübt werden. Oder aber es wird tatsächlich so (oder ganz ähnlich) von der Bundeswehr bereits angewandt, dann kann es nicht unrealistisch sein; dann ist es in jedem Falle eine realistische Möglichkeit, die weiterer Reflektion und Entfaltung verdient. Hierzu ist von den Kritikerinnen und

Kritikern zu fordern, ihre Positionen jeweils zu präzisieren: Welche Aspekte dieses Konzeptes erscheinen unrealistisch und wie wird dies begründet? Welche Aspekte dieses Ansatzes werden bereits in den Einsätzen der Bundeswehr umgesetzt, welche Wirkungen erzeugen diese beziehungsweise welche Auswirkungen sind realistischerweise zu erhoffen? Basieren die ablehnenden Bewertungen tatsächlich auf den potenziellen Möglichkeiten des Just Policing oder sind sie eher auf die jeweils mangelnde Einbettung in umfassendere Konzeptionen zurückzuführen? Anders gefragt: Unter welchen ethischen Voraussetzungen und unter welchen flankierenden politischen Maßnahmen würde Just Policing als Alternative (!) zu militärischen Interventionen „funktionieren" können – nicht nur als Präventivmaßnahme, sondern auch als Konfliktintervention und erfolgversprechende Konfliktunterbrechung?

Es ist weiterhin zu Beginn festzuhalten, dass die an das Just Policing herangetragenen Bewertungskriterien in gleicher Weise auf die kritische Hinterfragung der Leistungsfähigkeit militärischer Interventionen Anwendung finden müssen, wie zum Beispiel das Problem eines fehlenden oder nur mangelhaft ausgebildeten internationalen Gewaltmonopols, die fehlende Aussicht auf eine Konfliktlösung, unrealistische Aussichten auf die Steigerung der Sicherheit, kein wirklicher Schutz in der „heißen Phase" eines Konfliktes etc. Wenn diese kritischen Einwürfe bereits beim ersten Blick gegen den Ansatz des Just Policing vorgebracht werden, wie viel mehr müssten sie dann bei der Überprüfung der Argumentation für militärische Interventionen zur Anwendung kommen? Hier könnte eine eingehende Vergleichsstudie, bei der nicht von militärischen Einsätzen als „Normalfall" ausgegangen wird, an dem Just Policing dann gemessen wird, weitere Klarheit schaffen. Unter einem höheren Legitimitätsdruck muss ja jeweils jener Ansatz stehen, der von vornherein die Zerstörung und Tötung von Menschenleben billigend in Kauf nimmt – als Widerspruch zum obersten ethischen Prinzip des Schutzes von Menschenleben. Freilich müssen alle Ansätze dann auch zeigen können, dass sie tatsächlich gerade diesen Schutz (für *alle* Beteiligten eines Konfliktes!) durchsetzen können, oder ihn zumindest als realistische Möglichkeit erscheinen lassen.

Und schließlich: Aus der Studie von Ines-Jacqueline Werkner (2018) wird deutlich, wie entscheidend es ist, aus welcher Perspektive beziehungsweise innerhalb welcher wissenschaftlichen Disziplin jeweils argumentiert wird. Bewegt man sich im politischen Diskurs, dann sind wiederum die naheliegenden Folgefragen der bewertenden Akteure zu berücksichtigen, die möglicherweise zu verschiedenen Beurteilungen kommen: der politisch und ökonomisch „Mächtigen", das heißt jener, die die Möglichkeit des Eingreifens in einen laufenden Konflikt tatsächlich haben, oder der bedrohten „Ohnmächtigen", die der Gewalt schutzlos ausgesetzt sind. So ergeben Umfragen in Afghanistan ein anderes Bild als die Aussagen von Repräsentantinnen und Repräsentanten militärisch intervenierender Regierungen (vgl. Glatz und Tophoven 2015). Beim Just Policing müssen diese unterschiedlichen Perspektiven zusammengeführt werden, das ist eine seiner Voraussetzungen. Dies führt unter anderem zu der wichtigen Erkenntnis, dass der mögliche Einsatz solcher Polizeikräfte je nach Kontext und Konfliktsituation neu zu bewerten ist – was eine grundlegende und generelle Klärung nicht überflüssig macht, sondern geradezu fordert.

Bewegt man sich im Diskurs einer theologischen (!) Ethik oder im diskursiven Feld der internationalen Ökumenik, dann ist anderes und weiteres zu beachten. Im Rahmen der Entwicklung des ökumenischen Konsenses zum gerechten Frieden werden schließlich nicht nur Kriterien wie politische Durchsetzbarkeit oder die Aussicht auf einen möglichen Erfolg in Anschlag gebracht, sondern hier wird sehr viel grundsätzlicher von dem Bekenntnis des christlichen Glaubens ausgegangen und von da aus nach der

Verantwortung wie den Begrenzungen des Einsatzes von Zwang zum Schutz der Verwundbarsten gefragt – beruhend auf der generellen Unverfügbarkeit menschlichen Lebens (weiter ausgeführt in Enns 2017).

Ein weiteres dieser Felder zur Überprüfung und Weiterentwicklung des Konzepts Just Policing sind sicherlich auch die betreffenden juristischen Fragen, damit verbunden aber auch das jeweils zugrundeliegende und das Policing qualifizierende Verständnis von Gerechtigkeit (*just*). Hierbei handelt es sich um einen sehr viel weiteren Kontext, den es zwingend notwendig zu berücksichtigen gilt, wie im Grunde für das gesamte Verständnis eines gerechten Friedens als Paradigma. Schließlich ist eine rechtspositivistische Sicht – so relevant sie gerade im politisch-ethischen wie juristisch-philosophischen Diskurs auch sein mag – noch nicht hinreichend zur Ergründung der Möglichkeiten einer (gewaltfreien) Friedensbildung. Denn bei einer derart eingeschränkten Betrachtung kommt es in der Folge jeweils rasch zu einer zu simplen Legitimation rechtserhaltender Gewalt, die aber im weiteren Diskurs nur einen Teilaspekt abbilden kann, wenn das zugrundgelegte Gerechtigkeitsverständnis nicht mit reflektiert wird. Gerade in internationalen, interkulturellen und auch interreligiösen Konflikten ist dies von entscheidender Bedeutung, will man nicht an den direkt beteiligten Konfliktparteien vorbei theoretisieren. Vertreterinnen und Vertreter des Konzeptes des Just Policing – in jedem Fall jene aus der Tradition der Friedenskirchen – legen ein über die rechtspositivistische Verengung hinausgehendes (nicht notwendig ersetzendes!) Verständnis der restaurativen Gerechtigkeit zugrunde (in der Forschung zuletzt häufiger als *transitional justice* bezeichnet, vgl. hierzu das International Journal of Transitional Justice 2007ff.). Der vorliegende Beitrag will zu einer solchen Einbettung in den Kontext der restaurativen Gerechtigkeit beitragen.

2 Der weitere Kontext: Restaurative Gerechtigkeit

Die Frage der Gerechtigkeit ist für die Suche nach Friedensbildung zentral. Sie scheint geradezu eine Voraussetzung für eine nachhaltige Friedensbildung in ihren verschiedenen Dimensionen zu sein. In allen Phasen der Friedensbildung rückt die Frage der Gerechtigkeit daher ins Zentrum der Aufmerksamkeit (vgl. hierzu ausführlicher Enns 2016):

- *vor einem Konflikt* (Gewaltprävention): Konflikte gehören selbstverständlich zum Zusammenleben von verschiedenen Menschen mit unterschiedlichen Bedürfnissen. Daher besteht die Herausforderung der Friedensbildung nicht darin, Konflikte zu vermeiden, sondern Personen davon abzuhalten, ihre Interessen mit Mitteln der Gewalt und auf Kosten der Anderen durchzusetzen. Die Gestaltung von möglichst *gerechten Verhältnissen* hat ein besonders großes Präventionspotenzial.
- *während eines Konflikts* (gewaltfreie Konfliktlösung): Ein gewaltfreier Ansatz fragt nach den konstruktiven Potenzialen eines Konflikts und strebt nach *gerechten Verfahren* der Konfliktregelung, so dass nachhaltig gerechte Verhältnisse entstehen, die für alle Seiten plausibel und akzeptabel sind.
- *nach einem Konflikt* (Versöhnung, Heilung, Befreiung): Ist es während eines Konflikts doch zu Gewalt gekommen, entstehen ernsthafte Schäden (Traumata, Enttäuschungen, verlorenes Selbstwertgefühl, bis hin zu Vergewaltigungen und Todesopfern), die sich verheerend auf den unterschiedlichsten Beziehungsebenen auswirken: Feindschaft, Hass, Rachebedürfnisse, Beziehungsunfähigkeit. Ziel ist es, geschehenes Unrecht wieder *zu-recht* zu bringen. Dazu sind tiefgreifende Prozesse nötig, die echte oder auch symbolische Wiedergutmachungen (Reparati-

onen) beinhalten müssen. Eine gerechte Entschädigung beziehungsweise Kompensation (zum Beispiel durch die öffentliche Anerkennung erlittenen Unrechts) kann den Heilungsprozess begünstigen. Dies gilt für Opfer und Täter gleichermaßen: wer keine Möglichkeit zur Wiedergutmachung erhält und wem eine mögliche Wiedergutmachung versagt bleibt, der wird schwerlich von erfahrenem Unrecht „geheilt" werden können. Die Restauration *gerechter Beziehungen* ist das Ziel.

In vielen Fällen schwerster Verbrechen kann es allerdings keine echte Wiedergutmachung geben, „symbolische" Wiedergutmachungen können schlimmstenfalls gar als Hohn empfunden werden (vgl. van de Loo 2009). Kann es dann überhaupt Gerechtigkeit geben oder muss man sich in solchen Fällen mit widerfahrenem Unrecht abfinden? Es ist schwer vorstellbar, wie jemand dann seinen Frieden wiederfinden soll.

Restaurative Gerechtigkeit zielt vornehmlich auf die Wiederherstellung von Beziehungen, die Einbeziehung der Bedürfnisse von Opfern, Tätern und den jeweils beteiligten *Communities*. Hierbei steht die Möglichkeit zu Frieden und Versöhnung nicht nur als zu verfolgendes Ziel vor Augen, sondern auch der Prozess der Friedensbildung selbst ist von dieser Möglichkeit geleitet. Es wird hierbei zwischen drei sich gegenseitig überschneidenden Ansätzen der restaurativen Gerechtigkeit unterschieden: „the encounter conception, the reparative conception and the transformative conception" (Johnstone und Van Ness 2007a, S. I).

3 Entwicklung und Prinzipien einer restaurativ ausgerichteten Gerechtigkeit

Zu den Pionieren in der Entwicklung der Idee eines restaurativen Ansatzes gehört Howard Zehr. Seine grundsätzlichen Reflexionen zur Frage der Gerechtigkeit entstammten der praktischen Erfahrung mit Tätern und Opfern einerseits und dem etablierten juristischen System (in den USA und Kanada) andererseits.[1] Der Hauptvorwurf gegen das bis dahin durchgängig angewandte und kaum hinterfragte retributive Gerechtigkeitsverständnis lässt sich – laut Zehr – wie folgt zusammenfassen: In den gängigen Strafrechtsverfahren erfolge eine Abstraktion von Opfern, Tätern und der Tat selbst. Die betroffene Gemeinschaft, um deren Erhalt es bei der Gerechtigkeit letztlich gehe, gerate zu leicht aus dem Blickfeld. Gerichtsprozesse seien in ihrer Technisierung hoch mythologisiert und mystifiziert. Dadurch werden die tatsächlich betroffenen Personen und individuellen Geschichten und Erlebnisse nicht mehr sichtbar. Wenn Schuld einmal festgestellt und zugeschrieben sei, werden die Täterinnen und Täter ihrer „gerechten Strafe" zugeführt. Das Vergeben der Schuld, Gnade oder gar Versöhnung seien im Denkhorizont der Retribution nicht vorgesehen, da innerhalb dieses Paradigmas die schlichte Überzeugung herrsche, dass das Übel, welches ein Täter verursacht habe, durch ein vergeltendes Übel an dem Täter wieder ausgeglichen werden könne. Das Strafmaß bemisst sich nach den Vorgaben der Strafgesetzgebung und – in einem zuvor definierten Rahmen – nach dem Ermessen des Gerichts. Gerechtigkeit als Wiederherstellung einer ursprünglichen „Balance", die durch das

---

1 Er selbst reklamiert die Ergebnisse seiner Überlegungen nicht als originäre Gedanken, sondern hält sie eher für eine Art Synthese (vgl. Zehr 2005, S. 11).

Verbrechen gestört worden ist, solle so durch die Verbüßung von Strafe möglich werden.

Was aber ist diese „metaphysische Balance?", fragt Zehr. Sie folge einer Abstraktion und verstelle den Blick auf die tatsächlichen Verletzungen der Personen, die durch ein Verbrechen entstanden seien. Die „Rückzahlung" der Schuld durch ein weiteres Übel – eine Schmerzzufügung, eine erzwungene Exklusion (Gefängnis) oder ähnliches – sei zu abstrakt als dass sie von den Betroffenen, Opfern und Tätern tatsächlich als Kompensation des entstandenen Schadens anerkannt werden könne. Darüber hinaus komme es zu keiner öffentlichen Anerkennung, nachdem die Schuld einmal beglichen sei. Vor dem Gesetz endet die Schuld – und damit auch die Verantwortung für das geschehene Unrecht – mit dem Abbüßen der auferlegten Strafe.

Schuld und Strafe identifiziert Zehr als die „Zwillings-Angelpunkte" (*twin fulcrums*) des herrschenden (nordamerikanischen) juristischen Systems (vgl. Zehr 2005, S. 75). Er fragt ganz grundsätzlich, worauf denn die Vorstellung basiere, dass Strafe – auch im Sinne einer Zufügung von Schmerz, zum Beispiel durch Freiheitsberaubung – Schuld kompensiere? Inwiefern ist ein auf dem retributiven Verständnis basierendes Regelsystem dazu angetan, Gemeinschaften und zerbrochene Beziehungen tatsächlich wiederherzustellen oder gar zu versöhnen? – Mit Aristoteles (2011) ließe sich fragen: Inwiefern sind die weiteren (Kardinal-)Tugenden von Mut, Mäßigkeit und Sanftmut in der Anwendung von Gerechtigkeit hier noch im Blick?

Zehr – und in der Folge weitere Kolleginnen und Kollegen – entwickelten alternativ einen restaurativen Ansatz. Restaurative Gerechtigkeit lässt sich definieren als ein Prozess, in den – so weit wie möglich – jene involviert werden, die von einem Vergehen *direkt* betroffen sind und in dem die Verletzungen, Bedürfnisse und Verantwortungen gemeinsam benannt und geregelt werden (vgl. Zehr 2005, S. 37). Ein Verbrechen gilt hier zuerst als „eine Verletzung von Menschen und Beziehungen. Es zieht Verpflichtungen nach sich, Dinge zurechtzubringen. Gerechtigkeit bezieht Opfer, Täter und die Gemeinschaft in die Suche nach Lösungen mit ein, die Zurechtbringung, Versöhnung und Vergewisserung befördern" (Zehr 2005, S. 37, Übersetzung d. Verf.).

Diesem Ansatz folgend wird nicht primär nach möglichen Schuldzuschreibungen geforscht. Im Fokus steht nicht zuerst die Vergangenheit, sondern die Frage nach der Möglichkeit einer *gemeinsamen* Zukunft angesichts geschehenen Unrechts. Dabei sollen die *Bedürfnisse* der betroffenen Personen – Opfer, Täter und auch die der Gemeinschaft, zu der beide (gemeinsam oder je getrennt voneinander) gehören – im Vordergrund stehen. Es geht hier zuerst um die ernsthafte Suche nach Heilung sozialer Verletzungen. Die Aufmerksamkeit eines Prozesses darf sich demnach nicht auf die Täter beschränken, vielmehr sind zunächst die Bedürfnisse der Opfer zu berücksichtigen. Wenn irgend möglich, soll den Tätern eine wichtige Rolle bei der Suche nach Möglichkeiten zur „Restauration der Opfer" zuerkannt werden. Dadurch sollen sie zu verantwortlichem Handeln ermutigt werden. Entscheidend ist die gemeinsame Verurteilung der Tat, nicht die Verurteilung eines Täters, denn im Letzten könne es nicht darum gehen, den Täter zu erniedrigen, sondern beide – Opfer wie Täter – wieder aufzurichten, sie aus ihrer Reduktion auf das Opfer- oder Tätersein zu befreien und im besten Falle Versöhnung zu ermöglichen.

So bemisst sich die Gerechtigkeit hier nicht zuerst an der Einhaltung von Gesetzesregeln und vorgegebenen Rechtsverfahren, sondern vor allem an der Restauration von einzelnen Personen in ihren Beziehungen innerhalb einer Gemeinschaft und der Möglichkeit zur Versöhnung (vgl. Zehr und Mika 1998).

Dieser Ansatz ist inzwischen zu einer weiten, internationalen und in sich pluralen Bewegung geworden:

"The restorative justice movement is a global social movement with huge internal diversity. Its broad goal is to transform the way contemporary societies view and respond to crime and related forms of troublesome behaviour. More specifically, it seeks to replace our existing highly professionalized systems of punitive justice and control (and their analogues in other settings) with community-based reparative justice and moralizing social control. Through such practices, it is claimed, we can not only control crime more effectively, we can also accomplish a host of other desirable goals: a meaningful experience of justice for victims of crime and healing of trauma which they tend to suffer; genuine accountability for offenders and their reintegration into law-abiding society; recovery of the social capital that tends to be lost when we hand our problems over to professionals to solve; and significant fiscal savings, which can be diverted towards more constructive projects, including projects of crime prevention and community regeneration" (Johnstone und Van Ness 2007b, S. 5).

Der Ansatz der restaurativen Gerechtigkeit hat aber inzwischen auch – zumindest in Teilen – Eingang in Gesetzeswerke und anerkannte Gerichtsverfahren verschiedener Länder gefunden (vgl. Chapman 2002). Beispiele hierfür stellen international die vielen Wahrheits- und Versöhnungskommissionen dar. Durch diese strebten die Bevölkerungen nach vielen Jahren des Bürgerkrieges oder ungerechter Rassentrennung nicht nur eine Vergangenheitsbewältigung, sondern tatsächlich eine Wiederherstellung von gerechten Beziehungen und Zuständen an. Dahinter steht die Überzeugung, dass hiervon wesentlich der nachhaltige Frieden einer zukünftig zu gestaltenden Gesellschaft abhängt (vgl. Braun 1999).[2] Das jüngste Beispiel ist die Einrichtung der Wahrheitskommission in Kolumbien, deren komplexe Ausgestaltung das gemeinsame

---

2   Das bekannteste Beispiel – wenn auch bei weitem nicht unumstritten und in seiner Leistungsfähigkeit inzwischen realistischer eingeschätzt – ist Südafrika.

Verständnis der restaurativen Gerechtigkeit explizit zugrunde legt.[3] Kirchen und ihren Repräsentantinnen und Repräsentanten kommt in diesen Kommissionen meist eine entscheidende Rolle als neutrale und vermittelnde Instanz zu (vgl. Tutu 2001), sofern sie ihre Glaubwürdigkeit während des Konflikts nicht verspielen wie beispielsweise während des Genozids in Ruanda in den 1990er Jahren (vgl. Grey 2007).

Howard Zehr warnt allerdings selbst auch vor einer Überbewertung dieses Ansatzes der restaurativen Gerechtigkeit im Sinne eines Paradigmenwechsels (siehe zur Diskussion der schematischen Gegenüberstellung zwischen retributiver und restaurativer Gerechtigkeit auch Roche 2007). Er formuliert vorsichtig, dass es hier eher um eine neue „Linse" gehe, unter der sich die Suche nach Gerechtigkeit in einem veränderten Licht darstelle. Selbstkritisch benennt er offene Fragen (Zehr 2005, S. 215ff.): Welche Rolle kommt in einem solchen Prozess dem Staat zu? Wie ist mit den wenigen „Gefährlichen" umzugehen, vor denen die Gemeinschaft geschützt werden muss, und wie können diese (potenziellen) Täter auch vor sich selbst geschützt werden? Wie leistungsfähig kann dieser Ansatz bei schweren Delikten wie Mord, Kindesmissbrauch oder Vergewaltigung tatsächlich sein? Weiterhin sei zu klären, inwiefern es in diesem Konzept doch noch einen angemessenen Ort für „Strafe" geben müsse? Inwiefern können soziale, politische und kulturelle (kontextuelle) Gerechtigkeitsvorstellungen berücksichtigt werden? Andere wiederum fragen, inwiefern diese Konzeption die eines weißen Mittelstandes sei (vgl. Harris 1991). So bleibt Zehr (2005, S. 221) selbst skeptisch gegenüber einer *vollständigen* Implementierung dieses Ansatzes, weist ihm aber eine entscheidende

---

3 Vgl. hierzu das „Final Agreement to end the Armed Conflict and Build a Stable and Lasting Peace". http://especiales.presidencia.gov.co/Documents/20170620-dejacion-armas/acuerdos/acuerdo-final-ingles.pdf. Zugegriffen: 20. Juli 2019.

ergänzende und korrigierende Funktion zu. – In den aktuellen Debatten und Praktiken der Konflikttransformation werden die Grenzen weiter zugunsten eines restaurativen Ansatzes verschoben, da die wachsende Zahl der Erfahrungswerte deutlich zeigt, dass ein solches Gerechtigkeitsverfahren sehr viel „erfolgreicher" ist, auch bei Schwerstverbrechen.[4]

Restaurative Gerechtigkeit führt nicht automatisch zu Versöhnung. Vergebung – als elementarer Teil – wie auch Versöhnung selbst sind niemals einklagbar. Der restaurative Ansatz scheint jedoch einen Raum zu öffnen, in dem es dazu kommen *kann*. Es geht hier also um nicht mehr, aber eben auch um nicht weniger als eine Eröffnung dieser Möglichkeit, für die sich die Betreffenden selbst entscheiden müssen.

Gerechtigkeit – hier also als Relations- und Solidaritätsbegriff verstanden – ist dann die Bedingung der Möglichkeit zur Restauration von Gemeinschaften ganz allgemein. Die je *partikulare Anwendung* von Gerechtigkeit müsste sich entsprechend an diesem *allgemeinen Verständnis* von restaurativer Gerechtigkeit ausrichten, wenn Versöhnung nicht nur das Ziel ist, sondern auch der Weg dorthin schon von dieser Idee „beseelt" sein soll.

4 Die Einbettung des Just Policing-Ansatzes in den Kontext der restaurativen Gerechtigkeit

Zunächst ist hier an die grundlegende Differenzierung zu erinnern zwischen *militärischer Gewalt* (engl. *violence*) und *polizeilichem Zwang* (engl. *coercion*), die dem Ansatz des Just Policing als Vor-

---

4 Vgl. hierzu auch die Veröffentlichungen von Ottmar Hagemann. https://www.fh-kiel.de/index.php?id=1293. Zugegriffen: 20. Juli 2019.

aussetzung gilt. Um die polarisierten Diskussionen im Blick auf militärische Interventionen als *ultima ratio* zu überwinden, hatten Mennoniten und Katholiken gemeinsam das weiterführende Verständnis des Just Policing in die ökumenischen Debatten eingeführt (vgl. Schlabach 2007, 2011). Es zeigt sich: Würden die besten Argumente einer „absolut gewaltfreien Haltung" ernst genommen, dann würden viele – im äußersten Falle – doch einen polizeilichen Einsatz zum Schutz der von unmittelbarer Gewalt Bedrohten als legitim ansehen, wenn bestimmte Kriterien beachtet blieben. Und würden die besten Argumente der Vertreterinnen und Vertreter einer militärischen Intervention als *ultima ratio* ernst genommen, dann wird erkennbar, dass es auch ihnen letztlich um nichts anderes als um solchen Schutz gehen kann – also eigentlich um eine Polizeifunktion, nicht notwendigerweise um *militärische* Intervention. Stimmen die jeweiligen Motivationen derart überein, dann sei jetzt gemeinsam (!) über die Legitimation und Grenzen eines solchen „polizeilichen Zwanges" zu diskutieren – und diese von militärischer Gewalt eindeutig zu unterscheiden.

Eine solche internationale, regionale oder auch lokal eingesetzte und beauftragte Polizeikraft müsste zunächst einmal legitimiert und kontrolliert sein durch das jeweils bestehende und/oder herrschende Recht (der internationalen Gemeinschaft oder des regionalen Rechtsverständnisses), gebunden an die unbedingte Einhaltung der Menschenrechte (hierfür braucht es freilich das *Monitoring* der internationalen Gemeinschaft). Sie würde nicht den Anspruch erheben, einen Konflikt zu lösen, sondern die Verwundbarsten vor unmittelbarer Gewalt zu schützen. Sie dürfte nicht als Partei oder Aggressor in einen Konflikt eingreifen oder so wahrgenommen werden, sondern allein auf Gewaltdeeskalation und -minimierung zielen und daher selbst so wenig Zwang wie möglich ausüben. Sie suchte nicht den Sieg über andere, sondern strebte danach, gerechte *win-win*-Lösungen zu ermöglichen. Dies erforderte eine völlig andere Ausstattung und Ausbildung als die des Militärs. Massenvernichtungswaffen haben hier keinen Raum. Wenn irgend möglich, sollte auf Waffenanwendung ganz verzichtet werden. Ausbildungen in gewaltfreier Konflikttransformation, Bildung in vertrauensbildende Maßnahmen, Kultursensibilität, Selbstverteidigung ohne zu töten, Unterstützung und Kooperation mit zivilgesellschaftlichen Kräften wären nur einige der erforderlichen Qualifikationen. Als Ziel verfolgte ein solches Eingreifen keinerlei andere politische Strategien als eben allein, Menschen zu schützen und Recht und Gerechtigkeit – wie es mit den Betroffenen gemeinsam zu definieren ist (!) – eine Chance zu verleihen.

Aus diesen Bedingungen wird bereits deutlich erkennbar: So wichtig wie die Bindung solcher Polizeikräfte an das internationale Recht auch sein mag, so wenig ausreichend wird diese Bestimmung bleiben und in ihrer praktischen Anwendung dann auch nur beschränkt durchsetzbar sein. Die Einbettung in ein weiteres Verständnis der restaurativen Gerechtigkeit ist zwingend geboten. Folgende Aspekte könnten dann bei der Weiterentwicklung dieses Ansatzes berücksichtigt werden:

- Da im internationalen Rahmen ein sehr unterschiedliches, kulturell wie politisch bedingtes Spektrum von Interpretationen zu Funktion, Ausbildung, Ausrüstung und Machtbefugnis von Polizeikräften besteht, ist es entscheidend, das „just" im Just Policing gemeinsam zu explizieren. Restaurative Ansätze zu Gerechtigkeit sind in vielen Kulturen tiefer verwurzelt und daher eher vermittelbar als ein allein auf der westlichen Ideen- und Geistesgeschichte fußende Recht.
- Durch diese Einbettung wird ebenso klar ersichtlich, dass gerade die Vermischung von militärischen und polizeilichen Kräften den gesamten Ansatz diskreditiert. Eine Militärpolizei oder

ein Militär mit Polizeifunktion konterkarieren diesen Ansatz völlig, da sie seiner innersten Logik widersprechen.
- Die Einbeziehung aller Beteiligten wird zur bedingungslosen Voraussetzung: (Potenzielle) Aggressoren, (potenzielle) Opfer sowie die betreffenden Gemeinschaften – das können auch benachbarte Staaten oder internationale religiöse Führungspersönlichkeiten sein – sollten so weit wie irgend möglich als entscheidende Stimmen in einem solchen Einsatz gehört werden. Unmittelbaren Schutz durch gemeinsam anerkannte Kräfte sowie nachhaltige Bildung von gerechten Beziehungen kann es niemals an den direkt Beteiligten vorbei geben. (Hier sehe ich eines der größten Probleme militärischer Interventionen, in denen die Beteiligten vor Ort, Opfer wie Täter, praktisch keine Stimme mehr haben. Sie werden zum Objekt internationaler und nationaler politischer Eigeninteressen, die die einzelnen Akteure des eigentlichen Konflikts dann geschickt für sich auszunutzen wissen).
- Im Mittelpunkt stehen hierbei nicht die vordergründigen *Interessen* der Beteiligten, sondern zunächst die unmittelbaren *Bedürfnisse* der betroffenen Personen – Opfer, Täter und auch die der gesamten Gemeinschaft.
- Die vorschnelle und zumeist einseitige Zuschreibung von Schuld führt kaum zur Unterbrechung von Konflikten, da sie meist schlicht darauf abzielt, etwaige „Strafhandlungen" an den einmal so Identifizierten politisch zu legitimieren. (Deutlich wird dies an Sprachformen, die schlichte Verallgemeinerungen zulassen, wie etwa „Taliban", „Terroristen", oder auch Einzelne, die dann als das personifizierte Böse erscheinen, wie Muammar al-Gaddafi oder Osama bin Laden). Die gesamte Logik dieser „Zwillingsschwestern" Schuld und Strafe ist hier zunächst infrage zu stellen – was eine spätere, in der tatsächlichen Konfliktnachsorge

sicherlich notwendige Identifizierung von Verantwortlichkeiten in keiner Weise relativieren soll.
- Ziel muss die Wiederherstellung von Beziehungen bleiben. (Militärische) Siege der einen Seite über eine andere werden kaum in der Lage sein, eine gemeinsame Vision der Zukunft für eine Gesellschaft zu entwickeln. Siegerjustiz hat hier keinen legitimen Ort. Vielmehr muss das Wohl der betroffenen Gesellschaft – in ihrer Gesamtheit – im Blick bleiben, auch bei allen Handlungen während eines Konflikts. (Dass es hierbei immer wieder zu Abwägungen und auch ethischen Dilemmata kommen muss, ist selbstredend. Aber diese müssen durch die Beteiligung der direkt Betroffenen ausgehandelt werden, nicht stellvertretend von außen).

Dies sind nur einige wenige, grob skizzierte Implikationen, die sich ergeben, wenn der Ansatz des Just Policing in den meines Erachtens notwendigen Kontext der restaurativen Gerechtigkeit gestellt wird. Weitere und detaillierte Entfaltungen wären zu leisten. Auch sind die notwendigen praktischen Ausdifferenzierungen konkret zu entwickeln: Wie etwa verhält sich dieser Ansatz zur Idee und vor allem zur Anwendung von *Peacekeeping*-Einsätzen der Vereinten Nationen, die bisher stets auf militärisches Personal zurückgreifen (sogenannte Blauhelmeinsätze, vgl. Rudolf 2019)? Verschiedene Polizeiverständnisse und -praktiken (wie zum Beispiel die zivilen „Bobbies" in England, die „Konstabulisierung" von Militär, die „Gendarmerie" in Frankreich) sowie deren Erfahrungswerte müssen in die Überlegungen mit einbezogen werden.

Hier konnte und sollte nicht mehr geleistet werden als zu zeigen, dass der Ansatz des Just Policing erst im Kontext eines restaurativen Gerechtigkeitsverständnisses seine Leistungsfähigkeit zeigen wird und bei weitem nicht allein auf die Nachsorge von Konflikten beschränkt werden sollte. Er wurde ja gerade (auch) als Alternative zur militärischen *Intervention* erdacht, zur Konfliktunterbrechung, bei der bereits die Methode der Intervention die Möglichkeiten für die Postkonfliktzeit bedenkt. Auch im nationalen Recht rechtsstaatlicher Demokratien werden Polizeikräfte nicht auf die Dimension der Konfliktnachsorge beschränkt – dafür sind dann unabhängige Gerichte zuständig –, sondern sie sind vor allem zur Konfliktprävention und Intervention befugt. Wer sich darauf nicht einlassen mag, dem wird auch die politische wie ethische Legitimation militärischer Interventionen kaum überzeugend gelingen. Die eigenen politischen Interessen und Machtansprüche werden dann allzu deutlich zutage treten, was die realpolitische Glaubwürdigkeit aller Argumentationen für militärische Ansätze zusätzlich erschüttert. Die Ernsthaftigkeit der Herausforderung – der Schutz von unmittelbar Bedrohten – fordert es, all unsere intellektuelle Kreativität, kulturelle Vielfalt und praktischen Erfahrungswerte in die Waagschale zu werfen, um Gewaltspiralen zu unterbrechen und Wege aus ihnen heraus zu suchen.

Literatur

Aristoteles. 2011. *Die Nikomachische Ethik,* hrsg. von Rainer Nickel. Berlin: Artemis & Winkler.
Braun, Joachim (Hrsg.). 1999. *Versöhnung braucht Wahrheit. Der Bericht der südafrikanischen Wahrheitskommission.* Gütersloh: Gütersloher Verlagshaus.
Chapman, Audrey R. 2002. Truth Commissions of Forgiveness and Reconciliation. In *Forgiveness and Reconciliation,* hrsg. von Rodney L. Petersen und Raymond G. Helmick, 257–277. West Conshohocken/PA: Templeton Foundation Press.

Enns, Fernando. 2016. Gerechtigkeit. In *Auf den Punkt gebracht. Grundbegriffe der Theologie*, hrsg. von Christine Büchner und Gerrit Spallek, 47–59. Ostfildern: Grünewald Verlag.
Enns, Fernando. 2017. Just Policing. Eine Alternative zur militärischen Intervention? Resonanz aus dem Beirat: Friedenstheologie und Ethik. *epd-Dokumentation* 22/2017: 94–97.
Glatz, Rainer L. und Rolf Tophoven (Hrsg.). 2015. *Am Hindukusch – und weiter? Die Bundeswehr im Auslandseinsatz. Erfahrungen, Bilanzen, Ausblicke*. Bonn: Bundeszentrale für Politische Bildung.
Grey, Mary C. 2007. *To Rwanda and Back. Liberation Spirituality and Reconciliation*. London: Darton Longman + Todd.
Harris, M. Kay. 1991. Moving into the New Millenium. Toward a Feminist Vision of Justice. In *Criminology as Peacemaking*, hrsg. von Harold Pepinsky und Richard Quinney, 83–97. Bloomington/IN: Indiana University Press.
International Journal of Transitional Justice. 2007 ff., hrsg. vom Human Rights Center der Berkeley University (USA) und dem Centre for the Study of Violence and Reconciliation (Südafrika).
Johnstone, Gerry und Daniel W. Van Ness (Hrsg.). 2007a. *Handbook of Restorative Justice*. Portland/Oregon: Willan Publishing.
Johnstone, Gerry und Daniel W. Van Ness. 2007b. The Meaning of Restorative Justice. In *Handbook of Restorative Justice*, hrsg. von Gerry Johnstone und Daniel W. Van Ness, 5–23. Portland/Oregon: Willan Publishing.
Roche, Declan. 2007. Retribution and Restorative Justice. In *Handbook of Restorative Justice*, hrsg. von Gerry Johnstone und Daniel W. Van Ness, 75–90. Portland/Oregon: Willan Publishing.
Rudolf, Peter. 2019. Wenn Blauhelme zum Problem werden. UN-Friedensmissionen taugen nicht zur Terrorismusbekämpfung. https://www.tagesspiegel.de/politik/un-friedenstruppen-wenn-blauhelme-zum-problem-werden/23979008.html. Zugegriffen: 20. Juli 2019.
Schlabach, Gerald W. (Hrsg.). 2007. *Just Policing, Not War. An Alternative Response to World Violence*. Collegeville/MN: Liturgical Press.
Schlabach, Gerald W. 2011. „Just Policing" – Die Frage nach der (De-)Legitimierung des Krieges muss nicht kirchentrennend bleiben. Lernerfahrungen aus dem mennonitisch-katholischen Dialog. *Ökumenische Rundschau* (1): 66–79.
Tutu, Desmond. 2001. *Keine Zukunft ohne Versöhnung*. Düsseldorf: Patmos.

Van de Loo, Stephanie. 2009. *Versöhnungsarbeit: Kriterien – theologischer Rahmen – Praxisperspektiven*. Stuttgart: Kohlhammer.

Werkner, Ines-Jacqueline. 2018. Just Policing – eine Alternative zur militärischen Intervention? In *Just Policing – eine Alternative zu militärischer Intervention?* hrsg. von Uta A. Engelmann und Ines-Jacqueline Werkner, 8–166. Karlsruhe: Evangelische Akademie Baden.

Zehr, Howard. 2005 [1990]. *Changing Lenses. A New Focus for Crime and Justice*. 3. Aufl. Scottdale/PA: Herald Press.

Zehr, Howard und Harry Mika. 1998. Fundamental Principles of Restorative Justice. *The Contemporary Justice Review* 1 (1): 47–55.

Just Policing – eine Synthese

Hans-Joachim Heintze

Es bedurfte erst der Gräuel des Ersten Weltkrieges, damit sich die Politiker besannen und zum Handeln entschlossen. Die neuen Ideen kamen vom US-Präsidenten Woodrow Wilson, der vorschlug, eine Organisation zu schaffen, die solche Kriege in Zukunft verhindern sollte. Der Vorschlag war revolutionär, sollte die zu schaffende Organisation doch von einem geheiligten Grundsatz des klassischen Völkerrechts abgehen, dem Grundsatz, dass Staaten zur Durchsetzung ihrer politischen Interessen das Recht haben, zum Kriege zu schreiten. Die Organisation wurde unter Akzeptanz dieses neuen Konzepts umgesetzt und die Organisation – der Völkerbund – geschaffen. Seither waren die (Mitglieds-)Staaten nicht mehr berechtigt, unmittelbar den Krieg zu erklären. Vielmehr mussten sie erst sechs Wochen eine friedliche Beilegung des bestehenden Problems durch Verhandlungen zu versuchen.

Aus heutiger Sicht erscheint der Fortschritt gering, damals war er revolutionär, denn er beschränkte die staatliche Souveränität. Deren höchster Ausdruck war bis dahin das Recht, Kriege zu führen. Das hatte ein Ende und es ist nur naheliegend, dass progressive Gedanken sich in der Folge ihren Weg bahnten. Zu nennen ist hier insbesondere der Briand-Kellogg-Vertrag von 1928, der weit konsequenter war als die Verfassung des Völkerbundes, weil er die Anwendung von Gewalt in den internationalen Beziehungen generell ächtete. Damit verloren die (Mitglieds-)Staaten insgesamt das Recht, ihre politischen Interessen mit militärischer Gewalt durchzusetzen – zweifellos ein welthistorischer Fortschritt, der dann auch von der UN-Charta 1945 übernommen wurde. Seither ist die Anwendung von Waffengewalt nicht mehr ein souveränes Recht der Staaten, weil sie sich mit ihrer Mitgliedschaft in den Vereinten Nationen verpflichtet haben, darauf zu verzichten.

Gleichwohl ist damit die militärische Gewalt nicht aus den internationalen Beziehungen verschwunden. Vielmehr lässt auch die UN-Charta in zwei Fällen den Rückgriff auf Waffengewalt zu: zum einen, wenn ein Staat angegriffen wird. Hier kommt ein „naturgegebenes Recht" auf Selbstverteidigung zur Anwendung. Dieses Recht bereitet keine Schwierigkeiten, kennen wir es doch aus dem nationalen Recht. Eine angegriffene Person kann sich folglich so lange (gewaltsam) verteidigen, bis die Polizei eintrifft.

Die UN-Charta eröffnet aber noch eine zweite Möglichkeit der rechtmäßigen Anwendung von Waffengewalt, dann, wenn ein Rechtsbrecher die internationale Sicherheit bedroht oder verletzt. Dann kann der UN-Sicherheitsrat beschließen, diesen Rechtsbrecher mit Waffengewalt zu einem rechtstreuen Verhalten zu zwingen. Dies hat der UN-Sicherheitsrat nach dem Ende des Ost-West-Konflikts auch getan, was aber nicht sehr revolutionär ist, da die UN-Charta die zwischenstaatliche Gewalt verbietet. Eine Kopernikanische Wende ist allerdings, dass der Sicherheitsrat auch die innerstaatliche Gewaltanwendung gegen die Menschen in einem Lande als eine Friedensbedrohung ansieht und Truppen entsendet, um Menschen vor der eigenen Regierung und deren Unfähigkeit zu schützen. Genau dies ereignete sich 1992 in Somalia. Was war passiert? Eine Million Menschen sahen sich wegen einer

Just Policing – eine Synthese

Dürre vom Hungertod bedroht. Die auf Hochtouren angelaufenen Hilfsprogramme konnten die Not aber nicht lindern, weil die Hilfsgüter in diesem *Failed State* die Menschen nicht erreichten, sondern von *Warlords* geplündert wurden. Die Vereinten Nationen beschlossen daher, die humanitäre Hilfe mit militärischer Hilfe zu den Bedürftigen zu bringen. Dies wurde auch getan, gleichwohl war diese Mission kein Erfolg, weil der betroffene Staat immer weiter in Chaos versank, denn notwendig war nicht nur humanitäre Hilfe, sondern ein *Statebuilding*.

Diese Erfahrung leitet über zu dem vorliegenden Band. Menschen sind in einigen Staaten massiven Menschenrechtsverletzungen ausgesetzt und nach den völkerrechtlichen Regeln kann (und muss) diesen Menschen geholfen werden. Nach den rechtlichen Regeln könnte militärischer Zwang angewendet werden. Deshalb ging ein Schrei der Empörung um die Welt, als die Vereinten Nationen nicht den vom Völkermord betroffenen Opfern in Srebrenica oder in Ruanda zur Hilfe kamen und tatenlos zusahen. Gleichwohl stellt sich die Frage, was in solchen Fällen zu tun ist. Helfen Panzer und Soldaten? Genau mit diesem Dilemma beschäftigt sich dieser Band, und er gibt keine schlüssigen Antworten. Einig sind sich die Autoren, dass etwas getan werden muss. Allerdings scheinen die Panzer nicht unumstritten sein, vielleicht kann der Schutzmann durch seine enge Beziehung zur lokalen Bevölkerung die bessere Antwort sein. Der vorliegenden Band erörtert Möglichkeiten und dokumentiert damit den Diskussionsprozess, der international stattfindet. Das Fehlen von definitiven Antworten mag unbefriedigend erscheinen, widerspiegelt aber den Diskussionsbedarf, der immer dann aufkommt, wenn die internationale Gemeinschaft zum Schutz von Gemeinschaftsgütern – den Menschenrechten – Gewalt anwendet.

Die internationale Praxis hat gezeigt, dass der Schutz von Menschen vor massenhaften und groben Menschenrechtsverletzungen und Völkermord auch ein Einschreiten der Staatengemeinschaft mit Waffengewalt erforderlich machen kann. Dies ist durchaus im Einklang mit dem Konzept des gerechten Friedens der Evangelischen Kirche in Deutschland und der internationalen Schutzverantwortung. Offen ist allerdings die Frage nach dem Verhältnismäßigkeitsgrundsatz, wonach das jeweils mildeste Mittel zur Erreichung des Zieles, Menschen vor Gewalt und Unterdrückung zu schützen, zu wählen ist. Der Beitrag von Ines-Jacqueline Werkner weist nach, dass aus diesem Ansatz heraus das Konzept des Just Policing entstanden ist. Sie arbeitet die friedenspolitischen Implikationen dieses Konzepts heraus und hinterfragt, inwieweit Just Policing eine Alternative zu militärischen Einsätzen darstellen kann. Das erfolgt mit Rückgriff auf aktuelle Entwicklungen, die in der Verpolizeilichung der Streitkräfte, dem verstärkten internationalen Einsatz von Polizeikräften und der Zunahme von hybriden Einsätzen gesehen werden. Am Beispiel des internationalen Engagements in Afghanistan unterzieht sie die theoretischen Erörterungen einem Praxistest. Zugestanden wird, dass der Einsatz der Polizeikräfte ambivalent ist und ernüchternde Resultate hervorgebracht hat. Besonders beachtenswert erscheint die Feststellung, dass Polizeikräfte in Hochspannungssituationen und Kampfhandlungen der Unterstützung durch das Militär bedürfen. Die Aufgabe der internationalen Rechtsdurchsetzung kann zudem durchaus die Aufgabenübernahme und -teilung zwischen militärischen und polizeilichen Kräften notwendig machen. Letztlich ist offenkundig, dass in manchen Situationen die notwendigen militärischen Aufgaben nicht ausschließlich durch polizeiliche Kräfte wahrgenommen werden können.

Damit stellt sich die Frage nach der polizeilichen beziehungsweise polizeiethischen Perspektive. Diese legt der Beitrag von Werner Schiewek vor. Hingewiesen wird auf eine unter Friedenswissenschaftlerinnen und Friedenswissenschaftlern vielfach vertretene

Just Policing – eine Synthese

und als positiv angesehene Verpolizeilichung des Militärs, während die Militarisierung der Polizei kritisch kommentiert wird. Vor diesem Hintergrund ist die Darstellung der polizeilichen Gewaltanwendung und ihrer Grenzen notwendig, was zwangsläufig eine Analyse von Heraus- und Überforderungen einschließen muss. Das Konzept des Just Policing folgt schlussendlich einer nachvollziehbaren und schlüssigen Unterscheidung von militärischen und polizeilichen Handeln, die aus dem historischen Ergebnis der Zivilisierung gesellschaftlicher Gewaltausübung hergeleitet wird. Dies ist in Bezug auf die Entwicklung der Polizeifunktionen in Demokratien überzeugend; ob dies auf internationale Einsätze im Rahmen der internationalen Friedenseinsätze so generell zutrifft, darf bezweifelt werden.

Im vorliegenden Band wird die polizeiliche Perspektive durch die (militär-)soziologische Replik von Nina Leonhard sinnvoll ergänzt. Der Beitrag setzt sich mit der plakativen Formel „Militär = Krieg" und „Polizei = Frieden" auseinander und argumentiert überzeigend, dass moderne Friedenssicherungseinsätze nicht chirurgisch klar in Militär- und Polizeiaktivitäten aufzuteilen seien. Am Beispiel des Bundeswehreinsatzes in Afghanistan wird dies durch praktische Einsatzszenarien nachgewiesen, wodurch deutlich wird, dass letztlich die militärischen und polizeilichen Aufgaben analog zur Sicherheitslage in diesem Land immer wieder verändert werden mussten. Auch dieser Umstand verdeutlicht die Unmöglichkeit der schematischen Trennung von Friedenssicherungseinsätzen in militärische und polizeiliche Herausforderungen.

Das deckt sich mit der Herangehensweise des Beitrages von Hans-Joachim Heintze, der sich der völkerrechtlichen Dimension des Just Policing widmet. Verwiesen wird darauf, dass es sich bei Just Policing nicht um ein festgeschriebenes und definiertes juristisches Konzept handelt. In der englischsprachigen juristischen Literatur wird es zumeist im Zusammenhang mit rassistischen

Tendenzen in der amerikanischen Polizei und Strafvollzug verwendet. Demgegenüber taucht der Begriff erst in jüngster Vergangenheit bezüglich internationaler Friedenseinsätze auf, und zwar in einem Gegensatz zum Einsatz von militärischen Kräften. Diese Entgegenstellung wird als unzulässig angesehen, stellen die entscheidenden Momente eines internationalen Friedenseinsatzes das Mandat und die *Rules of Engagement* dar. Diese Dokumente müssen dem Grundsatz der Verhältnismäßigkeit zur Erreichung des Ziels des Schutzes von Menschenleben entsprechen. Welche Kräfte zum Einsatz kommen, ist dabei unerheblich; es ist eine Frage der Angemessenheit.

Der biblischen Forderung zur strukturellen Überwindung der Gewalt wendet sich Heinz-Gerhard Justenhoven zu. Er hinterfragt, ob Just Policing eine Option internationaler Gewaltüberwindung und für Post-Konfliktgesellschaften ist. Gefordert wird, dass jegliche Gewaltanwendung erstens am Frieden und zweitens am übergeordneten Ziel einer Weiterentwicklung der internationalen Rechtsordnung orientiert werden muss. Dies wirft freilich Fragen auf, geht es heute weniger um die Fortentwicklung als um die Einhaltung des Völkerrechts. Der Einhalt der bestehenden Rechtsordnung ist vielmehr der Grund für die Anwendung der rechtserhalten Gewalt, geht es doch darum, Menschen vor massivsten Menschenrechtsverletzungen zu schützen, und zwar durch militärische und polizeiliche internationale Einsätze. Die in den verschiedenen Beiträgen angesprochene präventive Entsendung von Polizeieinheiten als Teil des Konzepts des Just Policing erscheint vor diesem Hintergrund eher als *wishful thinking*.

Der abschließende Beitrag von Fernando Enns rundet den Band ab. Einleitend stellt er die Diskussion dieses Konzepts umfassend dar und verortet sie im Kontext der restaurativen Gerechtigkeit. Eindeutig wird Just Policing in Abgrenzung von militärischer Gewalt gesehen. Der Beitrag geht von der rechtspositivistischen

Just Policing – eine Synthese

Sicht ab, um mögliche Wege zur Ergründung der (gewaltfreien) Friedensbildung zu ermitteln. Präsentiert wird ein über die rechtliche Verengung hinausgehendes Verständnis der restaurativen Gerechtigkeit, das in der *Transistitional Justice* bestehen soll. Das gesamte Konzept ziele auf die Wiederherstellung von Beziehungen ab, die die Bedürfnisse – und nicht die Interessen – der Opfer, Täter und Gemeinschaften berücksichtigen soll. Erreicht werden könne dies nicht durch militärische Siege der einen Seite über die andere und durch Siegerjustiz.

Insgesamt zeigen die Beiträge des Bandes die Breite der Diskussion um das Konzept des Just Policing auf. Sie dokumentieren unterschiedliche Perspektiven und Herangehensweisen, aus der zum Teil auch widersprüchliche Schlussfolgerungen resultieren. Diese Unterschiedlichkeit ist beabsichtigt. In einer Welt, die durch wachsende Ungewissheiten und eine Vielzahl von Konflikten und Menschenrechtsverletzungen charakterisiert ist, bedarf es der Diskussion möglicher Lösungsansätze durch die Politik, aber auch durch nichtstaatliche Akteure wie die Kirchen und die Zivilgesellschaft. Brisanz erhält diese Debatte dadurch, dass zum Schutz der Menschen verschiedentlich auch die Anwendung rechtserhaltender Gewalt notwendig zu sein scheint. Diese muss dann allerdings verhältnismäßig sein und auf einem internationalen Mandat basieren. Diese Bedingungen – das zeigen die sehr verschieden ausgerichteten Beiträge – lassen die Frage offen, ob diese Gewaltanwendung durch militärische oder Polizeikräfte zu erfolgen hat.

Autorinnen und Autoren

Fernando Enns, Dr. theol. habil., Professor für (Friedens-)Theologie und Ethik an der Freien Universität Amsterdam/Niederlande und Inhaber der Stiftungsprofessur „Theologie der Friedenskirchen" am Fachbereich Evangelische Theologie der Universität Hamburg

Hans-Joachim Heintze, Dr. iur. habil., Professor am Institut für Friedenssicherungsrecht und Humanitäres Völkerrecht an der Ruhr-Universität Bochum

Heinz-Gerhard Justenhoven, Dr. theol. habil., Leitender Direktor des Instituts für Theologie und Frieden und außerplanmäßiger Professor an der Theologischen Fakultät der Albert-Ludwigs-Universität Freiburg

Nina Leonhard, Dr. phil. habil., Projektleiterin am Forschungsbereich Militärsoziologie des Zentrums für Militärgeschichte und Sozialwissenschaften der Bundeswehr in Potsdam und Privatdozentin am Institut für Soziologie an der Westfälischen Wilhelms-Universität Münster

Werner Schiewek, Landespolizeipfarrer der Evangelischen Kirche von Westfalen, Lehrbeauftragter des Rates der Evangelischen Kirche in Deutschland und Dozent für Ethik im Polizeiberuf an der Deutschen Hochschule der Polizei in Münster-Hiltrup

Ines-Jacqueline Werkner, Dr. rer. pol. habil., Friedens- und Konfliktforscherin an der Forschungsstätte der Evangelischen Studiengemeinschaft e. V. in Heidelberg und Privatdozentin am Institut für Politikwissenschaft an der Goethe-Universität Frankfurt a. M.

The manufacturer's authorised representative in the EU is Springer Nature Customer Service Centre GmbH, Europaplatz 3, 69115 Heidelberg, Germany. If you have any concerns regarding our products, please contact ProductSafety@springernature.com

Printed and bound by CPI Group (UK) Ltd, Croydon, CR0 4YY

23/03/2026

02076461-0001